养育 +
积极儿童

+ 成就孩子未来的16种主动思维

[英] C.J.西米斯特（C.J.Simister）———— 著　　李菲————译

中国
友谊出版公司

引 言

　　2019 年，我先后两次访问了中国大陆，这两次访问令我流连忘返。我受邀去了中国的一所国际学校，帮助他们培训教育技能，让年轻人尽可能高效地在学业上取得最高水平的成功，这当然也是我们所有人都希望我们的孩子能做到的。

　　与此同时，这所学校也热衷于为孩子的长远发展做准备。我认为，这是顶尖的学校与一般学校的不同之处。领导和老师想要得到更多帮他们的孩子在学业之外获得成功的方法，无论他们选择什么领域的职业。他们认识到，在我们这个令人兴奋、无法预测的世界里，还有一个问题有待考量，而这个问题越来越重要了。

　　我认为，无论是短期的成功还是长期的成功，我们都要认识到个性对人的重要性。因此，发现在中国无论是学校教育还是家庭教育都非常注重个性培养，我很受震撼。这多棒！我们已经做了很多来培养学生们的道德品质，如同情心、慷慨大方、尊重他人、负责任等等，以让他们成为更好的人，更好的公民，更优秀的领导者。

然而，我自己的研究却让我探索到了个性的另一面——才智。多年来，我一直在问，在学习和生活中，更成功、更高效的人有什么内在的习惯、思维和行为模式？我认为，最幸运的孩子就是那种家长和教师们一起合作培养他们的道德品行和才智能力的孩子。

孩子们经过训练能够汲取并回忆起许多信息，能学会按规则使用多种技能，但要想真正成功，他们还需要培养才智能力和行为习惯。在做任何决定之前，孩子都必须要冷静下来，仔细、沉着地考虑各种可行的选择及其可行的缘由。他们要有问问题的欲望，要渴望去调查和探索需要之外的东西；他们要有主动性，要提前考虑并做规划，要学会自己解决问题；他们要在面对艰难险阻时，也能保持坚持不懈的耐心和决心，并认识到努力的重要性。

我认为，这样的习惯就好比树根，它支持着最优秀的学者和最成功的思想家的成长。

在本书中，读者们将了解更多成功的秘诀：如果我们的孩子发挥出了自己最大的潜能，那他们就拥有了获得成功必备的品质和技能。中国的孩子很擅长获得优异的考试成绩，然而，在如今竞争日益激烈、变化日新月异的这个时代，只获得优异的学习成绩还不够，要想进入领先的国际院校和企业，还需要更多东西。

好消息是，这些必备技能都是可以逐步培养形成的，尤其是如果我们从孩子幼时起就开始注重的话。只要采取一些简单的步骤，我们就能收获良多：我们要辨识清楚这些重要的特质，在鼓励孩子提问，说出自己的想法和经历时做出一点小小的改变，并尽可能地把握住日常生活中的机会，鼓励他们培养这样的能力。

在访问中国期间，我认识了很多优秀的老师和家长，我也期待这本中文译本的面世，并希望这本书能帮助到你们。

为你的孩子创造光明的未来：
孩子成功的秘诀

　　你的孩子将在学校里学到很多东西，除了自然和社科、语言、文化及数学等知识之外，还会学到能让他们健康、舒适、安全地活着的实用技能，通过艺术、戏剧和音乐的方式表达心声的技能。如果需要的话，还要确保让他们在家庭生活中掌握各种技能，无论面对什么问题都能独当一面。

　　但，他们学到的不只如此，他们还会了解到关注细节、准确把握细节的重要性，认真遵循规则的重要性，以及管理时间、按时间行事的重要性。的确，不可能每个孩子都会掌握这些技能，但至少，他们能够获得大量的机会去实践。

　　此外，他们还将学到社交和情感处理技能，

以便与同伴和教师相处，以及认识到他们在更广阔的社会中的地位——而且无论你身处何方，你都要挤出时间，让你的孩子学到诚实、正直、尊重和宽容他人等价值观。

最后，我们相信，孩子们将会过得幸福、充实，并准备好发挥出自己全部潜能去收获重要的证书，来证明他们的努力和智慧，证明他们为上大学或初入职场做好了准备。

毫无疑问，学校是个忙碌的地方。

当然，我们的课程安排也没有多余的空间来增加更多的要求，但问题是，以上所学的内容与现实生活存在着很大的差距——在如今这个无可预测、快速改变的世界中，这种差距越来越大了。如果孩子们真正想要过得充实，想要闪闪发光，想要变成他们希望成为的样子，除了在学校学到的知识，他们越来越需要其他必需的营养物质。

我们一定要认识到这点！我们许多人——老师和家长皆如此——在孩子成长的这些年中给他们灌输大量的知识和数据。如果我们够诚实并且孩子们跟我们一样，那么这些内容在考试过后就会被马上忘光。此外，现在的孩子们似乎并没有准备好去面对如今这个大而充满危险（但却相当刺激）的世界，并不志在成为掌控世界的主宰，这让我们很不安。

提到高等教育，问题就出现了。为什么世界顶尖大学改变原来的方式，寻找新方法去挑选学生——通过入学考试考察他们的逻辑推理能力，从他们的个人陈述中找到"被选拔的人出类拔萃、与众不同的特质"，问一些类似"给我介绍一下香蕉吧"这种简单的问题？

答案很简单，良好的学校教育当然是重要的，不过这还不够。

剑桥大学招生办公室主任对此给出了一条建议："在面试中，我们会考虑，我们见到的这位候选者是否具备我们专业所需的专业知识，他们是否能在我们的教育环境中取得成功，简而言之就是，他们会思考吗？"

通常，即便是最聪明的孩子也会被盲目地引入"跟我做"的陷阱。学校的实际情况是，他们是根据学生的成绩来评判学生的优劣的，既然最可靠的保证成绩好的方法就是求稳不冒险，那么你就能明白这个决策：严格按照课程安排行事，只教授必须知道的内容，确保孩子们在进行必要的考试时得到了充分的练习。

结果，孩子们从表面上来看的确做得很好——不过看透了表面，你就会惊讶于孩子们其实创意不够、才智不够，也不会独立思考。孩子们学会了研判别人的想法和观念，但却没有学会形成自己的想法和观念。不看他们狭隘的考试课程，他们什么都不会——他们没有任何策略，做不出有想法的决策，也毫无经验，拿不出毫无偏颇的意见。

有前瞻思维的学校正在努力改善这种状况，不过在很多情况下，年轻人成长的环境，促进他们的行为观念形成的环境，并不会让他们在如今这个竞争激烈的世界中脱颖而出。

我们都听到过成功的商业人士说，我们的全球化经济正在经历日新月异的变化；许多人都认为，由于人工智能和大数据应用等新技术面世,大量的工作岗位将会消失;在这个全新的世界中,成功的基本秘诀就是品质——日渐重要的交际和才智技能。结合了企业家、科学家、作家和哲学家的观察发现,本书归纳了6种不仅能提高孩子的成绩,还能对他们的一生大有裨益的特质,如下所述:

◆ 情况糟糕时坚持的能力

◆ 相信自己能想出有创新性、有变革性的新观念想法

◆ 在遇到未曾预料的事情时停下来反思,并做出明智决策的耐性

◆ 相信自己能够进行"横向思考",想出令人难以置信的解决难题的办法

◆ 愿意以开放、灵活、机敏的思维去思考问题

◆ 在合适的情况下冒险的勇气,以及失败时重新再来的决心

这与马尔科姆·格拉德威尔的发现相吻合。在他的畅销书《特立独行:成功之道》中,他说,那些高智商的人不一定是生活中最有建树的人,相反地,让人与众不同的是如创造力、创新力,以及愿意自己努力(不得不说还需要运气的帮忙)等等这样的特质。他区分了在难懂的智商测试题中找正确答案的那种聚合性思维和写出砖头或毛毯尽可能多的用途的发散性思维。格拉德威尔认为,发散性思维更有助于让人未来获得成功:想象力丰富的人,拥有想象力和发散性思维的人,是最有可能获得成功的人。

你们可能都会怀疑,我上文所述的这些都是在说什么——对

许多人而言，传统的教育似乎很不错。因此，我们有必要重申一次：这个世界瞬息万变。即便传统的教育方式在以前是很好的，但未来却不一定如此。没有人能预测，10年后我们的世界会变成什么样，更别提50年或100年后了。世界经济论坛的《未来的职业》报告指出，"根据一项民意调查，如今刚入学的65%的小学生，最终从事的会是现在还未发展形成的职业"。

结果，我们一直在培养对未来毫无准备的年轻人——即便他们已经取得了一连串令人诧异的成绩——这不仅是在浪费他们的真正潜力，也是令人担忧的目光短浅之举。

父母的关键作用

还小的时候，孩子们就有开发非凡思维的潜力。无论是我们知道的非凡的想象力、创造全新世界的能力，还是对周围一切事物的好奇心、让我们停下来问自己"我为什么没想过这样？"的问题，成为家长或老师的乐趣之一，就是孩子们经常让我们感到惊奇。

遵从指令逐渐取代了创意，好问转变成寻求可以接受的答案，规避风险（在我们这个越来越偏执的社会里）取代了冒险精神，这多么令人惋惜呀！最后，我们总会故步自封，忘记了我们曾经有多么期盼去看外面的世界。结果，离开了学校之后，年轻人们缺乏在瞬息万变的世界里谋求发展所必备的技能——他们适应了随波逐流，不太可能脱颖而出了。

但他们不该是这样的，关键是，好奇心和创造力是不应消失的，但却在他们身上消失了。最能观察到孩子的好奇心和创造力的是你们，父母。孩子一开始学说话，你就能教给他们许多技巧。本书介绍了一些成功秘诀，还介绍了大量不错的游戏和活动，爸爸妈妈们可以用于培养、巩固、保护孩子们幼时的创造潜能。

幼年时，大脑的可塑性——也就是学习技能、价值观和后来形成习惯的行为的能力——是最强的。对你跟孩子交流和玩耍的方式做一点点小小的改变，就能产生大大的影响，这是一种认知上的成长——没有能让人变得聪明的药物。

书中的理论是适用于日常家庭生活的，无须做什么准备。它们能让孩子在空闲时开心——吃饭时、坐车时，甚至在超市排队购物时——同时调动孩子们的探索精神，鼓励他们下定决心，鼓励他们有积极性，向他们证实这一次的失败可以成为下一步的有用跳板。

本书是一本非常实用的综合性指南，书里介绍的活动适用于4 至 16 岁的孩子——这里之所以有年龄范畴，是因为太小或太大的孩子不适用。你比其他任何人都更了解你的孩子，挑选出一些理论并尝试一下，如果效果不错，那真是太棒了——继续坚持吧；如果不奏效也没关系——逐渐适应或暂时将它们放到一边不予理会，以后再尝试，可能就会有效果。你可能会发现，某些简单的理论是最有效的——稍稍做一点儿调整，许多游戏会受到所有年龄段孩子们的欢迎和喜爱。

你会很快发现，书里介绍的哪些特质是你的孩子已经拥有的，这可能会令你吃惊！你也会很快发现孩子与孩子之间的差距：某些孩子可能不太愿意冒险，不太愿意尝试新事物；某些孩子很快就会放弃，不愿意去培养他们自己的观念和看法。你可能正在思考，该怎样让你的孩子在遇到棘手的状况时采取更加主动积极的态度和行为方式，或者在决定自己的将来和信仰时，该怎样让他们不轻易上当受骗，怎样让他们变得更成熟。

无论是培养那些通常被他人忽略掉的隐藏天分（这些比某个测验的分数对孩子更加重要），还是支持孩子去学习他或她认为很难学的东西，缩小他或她与别人的差距，作为父母，你都有极好的机会去创造与众不同的孩子。在你的帮助下，你的孩子将拥有真正获得必备技能的机会，拥有将生活过得充实的机会，拥有抓住生命中的每一次机遇去创造奇迹的机会。

除了介绍史上名人的事例，本书还引用了大量的研究数据和其他资料——接受过成人创意思维、决策分析或其他学习技巧的人应该会熟悉其中的某些内容。

通常，只要发现这些东西已经成为孩子体验和经历的一部分——而不是等到成年后，等孩子们已经学会了用很多知识去克服问题时再学习，父母们就会很高兴。他们通常会说："要是我小时候也会这样就好了！"

只有在非常有前瞻性的学校中工作才能得到这样的成果——在这样的学校里，学习独立思考在课程安排之上。它解决了畅销书《我们的思维之外》的作者肯·罗宾逊先生提出的问题："我们现在的学校教授学生们10门课程，但却没有教孩子们怎样拓展思维能力。"

最重要的是，这本书是因与孩子们待在一起很久而写出来的——我看着他们努力奋斗，看着他们成功，看着他们因认识到自己可以为自己而思考充满自豪感。对一名教师而言，这是一种很棒的体验；对父母而言，这个过程更令他们欣慰。

我不确定我是否需要这个——我的孩子已经开始思考了！

本书中丰富多样的观念思想，旨在促进你本能地去按其行事。许多父母将鼓励孩子对他们生活的世界保持好奇心，并猜测孩子们为何会做出奇怪的行为，父母们当然也会帮孩子们做好决策，并在他们遇到困窘时鼓励他们坚持下去。

然而，父母和老师也很容易被孩子们良好的表现所愚弄。许多孩子可能在求学过程中的成绩相当不错，所以让父母们忽略了为了取得这些成绩而付出的代价，为了得到满意的成绩而忽略了其他的知识，让自己的孩子与其他孩子产生了巨大的差距。

以下列出的是一些最经常被误会为有效思考的行为，以及这些行为出现时我们可以采取的想法和行动。

看起来像思考的 6 件事

1. 冷冷的凝视

有时候，这种冷冷的凝视只是看起来像是在思考，这种冷冷的凝视有很多种含义，可能表示厌烦，可能表示饥饿，也可能表示完全的困惑！当然，并没有什么能保证，孩子们做出这样的行为是在进行深度思考。

此外，因为孩子经常做白日梦并不代表着就是在进行有意思的、有创意的想象，所以——当然，花时间胡思乱想也可能是有价值的——学着去引导他们思考、想象对他们也是有帮助的。

◆ **你可以尝试阅读：**
怎样鼓励原创和创新　P65
怎样激发创新性和创造力　P77
提供相应的活动，引导孩子们自主思考，形成自己独特的思维模式。

---

2. 源源不断地提问

毫无疑问，提问可能是好现象——不过，家长们也都知道，问题是有不同分类的。总是问"我们快到了吗？"这类问题，并不会让孩子有钻研精神。

问题是有层次的：首先是需要简短而真实的回应的封闭式问题（在提问同时提供若干答案，由回答者根据自己的实际情况选择答案），然后是需要先加深自己的认知才能回答的更为深入的问题，最后才是估测现有界限的、非常棒的高端问题——这时候，我们必须认真考虑想出的各种可行的理念和方案。

我们应该更仔细地审视孩子们提出的问题。通常，他们是从身边的成人那里获得问题的来源的，我们是不是正巧教会了他们去问只要积累更多枯燥乏味的知识就能知晓答案的问题？

◆ **你可以尝试阅读：**
怎样培养丰富的想象力　P13
怎样培养"去找找"的行为习惯　P47
提供相应的活动，帮助孩子们问"有深度的问题"，并让他们自己进行探研。

3. 自以为无所不知

了解一些事实（如树名、国家首都城市名、重大战争爆发的日期等等）并在需要让人对自己印象深刻的时候说出来，这是很容易做到的。如果孩子们认为，这样做能获得大人的关注，那么他们就会努力去记牢这些内容。不过，思考并不是给知识贴标签，而是要掌握知识，构建和重组知识框架。

正如法国哲学家、数学家笛卡尔所说的那样："拥有好头脑是不够的，我们主要的任务是要利用好它。"不要被那个看起来什么都知道，但对具体的技巧细节一窍不通的孩子愚弄了。

◆ **你可以尝试阅读：**

怎样在"废"中寻"宝"　P127

怎样在合适的时候选择冒险　P107

提供相应的活动，帮助培养关键性的思考技能和冒险精神。

4. 努力学习——字迹工整，成绩很好

从表面上来看，我们的孩子们似乎比以往的孩子"学习"更努力了——从 5 岁开始就要做家庭作业，参加各种水平的测试，比我们更早地领会到了"压力"这个词的含义。不过，如前所述，仔细观察的话，你就会发现，他们只是在学着汲取并反刍知识——这是学校用以测评孩子是否成功的方法。这与让孩子们培养自信心、适应能力和创造能力，形成创新性的想法和观念相去甚远，它不能引领孩子走上一条新的道路，而只是简单地总结孩子们学到的知识。

重要的是，孩子们要对自己的学业保持一定程度的不敬；他们来学习不是来敬拜已知的知识的，而是来质疑它的。

——英国数学家、生物学家雅各布·布朗劳斯基

研究显示，这对那些成绩优秀的女孩们而言是个特别严重的问题。成绩优秀的女孩——若进行深入的调查了解的话——有时候表现得非常不自信、没有韧性（德维克，2000）。她们之所以刻苦努力学习，就是为了取悦他人——她们以他人对她们上一次成

绩的反应来评价自己，而不认为自己是一个很棒的学生和思考者。也就是说，她们无法面对失败，总是会尽量避免让她们为难的境地。她们不愿意尝试新鲜事物，总认为，简洁而工整地将已经获得公认的前人思想默写出来更安全。

◆ **你可以尝试阅读：**
怎样激发独立思考　P1
怎样培养主动思维和前瞻思维　P201
提供相应的活动帮助孩子培养主动性的独立思维。

5. 了解自己的想法

这种情况，完全要看孩子们的想法是从何而来的，若是经过深思熟虑，考虑了诸多可能性，也知道了这些可能性行之有效的道理，那么这就很好！（顺便说一下，请让你的孩子了解一下从政的好处。）

然而，孩子们最常挂在嘴边的可能只是出于冲动脱口而出的话，或是由知名或不知名的权威人士（父母、老师、说唱歌手、足球运动员等）说出来的话而已。的确，如果对新的观念和信息保持开放的态度，那么，自己观点的说服力就会变弱。

◆ **你可以尝试阅读：**
怎样灵活思考　P147
怎样做明智的决策　P159
提供相应的活动来鼓励孩子们提出新的观点和思想。

6. 孜孜不倦的读者

这一点我特地放到了最后，因为阅读是一件很棒的事，我实在不愿意动摇它的重要地位。阅读能让我们了解各种新的思想，拓展我们的想象力，让我们更加专心致志，巩固我们的同理心——更不用说还能培养我们的文学素养了。不过，我们要说的是，这些都要看我们选择的阅读资料。如今，学校里的书架上出现的言情小说和汽车杂志越来越多了，这虽然对不愿意读书的人有好处——毕竟，这让他们有了要读书的想法——但这种阅读不一定有利于培养孩子的思维。

此外，如果你只是快速地翻书，而没有沉下心去思考书中的内容、梳理故事情节、质疑作者的写作动机、揣摩作者的思路，那么你从书里获得的知识就很少。我们还是说，广泛的阅读是一个良好的开端，而我们要做的是努力让孩子们"阅读并思考"。

◆ **你可以尝试阅读：**
怎样培养丰富的想象力　P13
提供相应的活动来鼓励孩子们深入思考书籍内容。

我们的目标

从诸多哲学家、作家、科学家和企业家的至理名言中，我们可以知道，无论人选择什么样的专业方向或职业，某些特定品质或者说思维习惯，会对其未来产生深远的影响。我们需要培养这样的孩子：

◆ 有好奇心——喜欢探索新的想法和事物，对世间的一切感兴趣，会问没有预期结论的大问题，会思考精神上的、哲学上的问题，不满足于一个简单的答案。

◆ 机敏——质疑他们听到的，听取各种不同的意见，考虑不同意见的优缺点，理性思考，在决定相信什么之前，从"废"中寻"宝"。

◆ 想法有创意，而不会局限于传统的界限之内——他们喜欢自己思考问题，并乐于表达自己的见解和看法，他们喜欢验证各种理念，而不只专注于获得正解，他们总是将自己已知的知识运用到各种不同的境况中去。

◆ 勇敢——喜欢挑战新事物，学习中遇到难题愿意坚持，无论别人做何反应都支持理性的观念，明白什么时候可以冒险尝试新事物。

◆ 一丝不苟——他们会一直坚持到真正对自己发现或决定的事物感到满意为止，他们乐意改善修订自己的观念想法，从成功和失败中学习经验教训，在需要时寻求帮助。

◆ 思想开明——愿意从他人身上学习，愿意与他人分享想法观念，能够认识到与人合作想出的观念和规划有时候会更好，能够切换看待问题的视角，当出现新的证据或状况改变时，能顺势改变。

◆ 能够嘲笑自己，提出制衡的观点——明白人会犯错，知道跌倒之后怎样再爬起来继续前行。

◆ 足智多谋，思想独立——有主动性，为自己设立目标，为自己的选择承担责任。

这可能听起来很理想化，但事实并非如此。事实上，对孩子们来说，这既是一种解放，也是一种很棒的平等。这些特质不需要通过测试或受到创伤之后才会拥有，我们很容易就能具备这些特质——而且变成这样的过程也很有趣。

对我来说，设立培养这类素质的学校的规划最有意义的一方面在于此：看孩子们，尤其是那些不太擅长传统的"学习技能"的孩子，发现自己特别擅长提出严肃的好问题，特别擅长认识成年人提出的结论的不合理处，或是擅长提供有创新性的建议，并从中获得极大的满足感和自信心。发现他们有潜能去思考设计以前从未有人想到过的想法和理念，这多棒！尽管他们想出来的这些大部分可能不会真正有用，但继续探索研究，总会有能够实际起效的！要让他们有自信，有必要的技能去应对突发状况——不是因为他们什么都知道（事实上，不必要去确定这一点），而是"因为他们知道，在自己不知情的时候该怎么做"，这是温彻斯特大学教授、"建立学习能力"理论的创造者盖伊·克莱斯顿提出的。

因为传统的教育并未为孩子们培养这些天赋提供太多机会，所以孩子们的这些特质都被隐藏了起来——更糟的是，还有些甚至是未被人发现察觉就自然消亡了。

重视本书介绍的特质，我们就让孩子站在了双赢的位置上。这些内容不仅是持久成功的秘诀，也是一种高智的本能，能让年轻人在面对学业时更深思熟虑、更严谨、更独立、更聪明。本书的主旨是，我们能帮助所有的孩子——无论从传统意义上而言能力如何——无论他们将来选择什么样的职业，我们都能帮他们培养成长过程中必备的特质和自信心。

三大窍门

1. 模仿任何事物，包括错误！

这种思想可能有点儿令人难以置信，不过，孩子们是近距离观察成人的，尤其是他们的父母。他们学你们的语言，学你们的行为习惯，学你们的观念态度。这就意味着，作为父母，第一重要的是，你应该尽你所能为他们展现本书介绍的那些特征。

要做到这一点，你就要参与他们的活动，向他们介绍你刚刚学到的新游戏，并向他们表示你也很乐意尝试这个游戏。你将向他们证明，拓展思维对任何人而言都是很有趣的。参与这些活动，你的孩子也会很开心地认识到，成人也不总是能想出最好的主意的。

另外，如果你跟我一样的话，你可能会发现，你自己的思维模式也就此得到了改善。

2. 用表扬鼓励他们取得大的进步，而不是鼓励他们自大

通常，孩子们都不会辜负他人对他们的期望。自我信念主要取决于我们对他人对我们的看法的理解。

这就意味着，你只要相信你的孩子，他们就能在这个世界上有所作为。要相信他们有创意，相信他们能够想出有创造力的点子，要相信他们总能提出有趣的问题、总有非同寻常的观察力，相信他们在面对棘手的问题时能做出明智的决策，相信他们擅长解决问题，总能想到你想不到的全新的解决方案。要相信，如果他们暂时没有做到上述的这些，这只是因为他们还在学习，还在成长，还在努力，而不是因为你看错了他们。

你的观念也会对他们产生影响，毫不夸张地说，你只要相信了上述这些，就能让他们成长为有非凡思维的孩子，将来还会变成有超凡思维的成人。

不过这里也有个棘手的问题。家长们容易犯的一个错误是，将重点放在培养孩子的自信上，而忽视了必要的严谨和谦逊。赞扬你的孩子说的所有话，会让你的孩子变得过度自信，自以为是，而且总认为自己说的要比其他人说的更有用。

我们需要把握平衡。刚刚开始学着独立思考时，你的孩子

是需要积极对待的——他们的想法、提出的建议和理论都必须小心对待。以成人的全面性思维对孩子的价值进行草率评估，会让他们对生活失去信心。一句平淡的"干得不错，亲爱的"会让他们自鸣得意，当然也不会让他们养成你希望他们拥有的那些品质来。

以下是可以用于处理这个问题的一些建议：

主要夸赞他们展现出来的品质，而不要注重他们行为的结果

要记住，你是在告诉孩子，使用自己的头脑是有趣的——这是一种冒险——而且，再没有比从一开始就完全动用他们的大脑更重要的事情了，以下是一些你们可以采用的回应方式：

◆你想到的这两种（或几种）方法都很棒，现在，再给我详细解释一下吧。

◆你已经努力克服了这个问题，这真让我惊讶，这是个很难解决的问题，不是吗？你在努力寻找合适的解决方案，这真的很棒——很多人都只满足于快速找到一个答案。

◆干得不错——你这的确是横向思维！要是我的话，我肯定想不到这样的好主意，跟我说说看，用这个方法会收到怎样的效果……

◆那真的很棒——你一直在为你的想法而努力，不是吗？现在听起来更切实／更有创意／更有可行性了。你改变了什么？你认为你能够让它变得更好吗？你能保证现在按这样去做会好吗？

◆你很擅长想办法！好吧，告诉我这个办法有什么可取之处。你能想到这个办法同样多的缺点吗？那你最终的决定是什么？你有没有开始思考更好的解决方法？

赞扬具体化

当你的孩子想到了什么主意的时候，请仔细倾听。虽然我们要赞扬的主要是他们思考的行为，但有时候，他们说的话里也有有价值的东西，例如，他们可能：

◆仔细考虑过各种不同的方案，做出了不错的决策；

◆想出了解决难题的明智方案；

◆有了非同寻常的、有创意的想法。

要记住，大多数时候，孩子们是不可能想出经验更丰富、专业性更强的人都想不到的真正有创意的点子的，你需要根据他们的年龄、能力、过去的成绩等来评判，他们的想法是否真的很有创意。这件事不需要焦虑担心——你会知道你的孩子什么时候能给你带来惊喜的！这时候，你的任务是要表现得真的对他们的表现印象深刻，并特别评价他们的想法中看起来很不错的那些方面。

3. 放轻松：从幼时开始，从小事开始

即便你只采纳了本书中介绍的一部分理念，你也会有所收获。家庭生活已经够忙乱的了，不能一下子把所有的理念都尝试一遍。

并没有什么速效的办法能让孩子很快成长起来。本书介绍的是一种持续性地教养孩子的方法，如果你多年来一直坚持这样做，你的孩子会变得更好。你现在开始正是时候，因为你的孩子将跟你相处很长一段时间，你可以从他们幼时就开始，从小事开始。

本书的内容有何效用？

一次只试验一种成功秘诀，接下来的 16 章为读者们提供了多种实用的建议、意见、游戏和活动，它们会帮助父母们填补孩子成长过程中出现的主要缺口。

使用的符号指南

能帮你理解本书的一系列符号如下所示：

◆ **另一种想法！**
额外的提示和参考可能会有用。

◆ **学校链接**
支持你的孩子思考学校科目的理念，这不是因为你的孩子需要做更多作业——这个理念只是想提醒你们，如果他们发现，家人们也对此感兴趣，他们会更喜欢这些科目，并发现学习的更多乐趣。

◆ **给深入思考者的话**
为有独到兴趣爱好的孩子提供的更富挑战性的理念。

我们的时间总是不够用，为了适应大家繁忙的日程，我在"捷径"部分提供了一份快速指南，希望大家能尽快找到最合适的活动。

捷径

一星活动：如果你赶时间的话，你可以从这些活动开始

对那些生活忙碌，一想到要把本书从头到尾读完就会歇斯底里大笑的人来说，我希望下面的表格能对你们有所帮助。在这个表格里，我列出了一系列活动，以我的经验来看，绝对是最好的活动。它们总能够起效，而且总受人欢迎，如果你从这些活动开始，那真是太棒了：

钻石形贴条（P11）	多种用途（P69）	设想一下！（P154）
涂鸦游戏（P16）	问题是什么？（P72）	拔河（P165）
隐藏的宝藏（P16）	疯狂的逻辑（P75）	假设……（P165）
有多少种方式……？（P22）	改良（P81）	有思想的朋友（P174）
你观察到的关于……的5件事（P26）	一个主意诱导出另一个……（P83）	有创意的理由（P177）
混合搭配（P30）	往好的一面想……（P95）	挽救局面（P179）
这是一个古怪的世界（P36）	风险计量器（P111）	解决实际的问题（P187）
如果……会怎么样（P42）	应对考试的三大顶级策略（P125）	合作（P198）
奇思妙想之旅（P43）	绝对可能（P132）	目标日快乐（P210）
启发问题（P44）	超市侦探（P142）	积极思考！（P214）
魔法问题仙女（P45）	百里挑一（P150）	
新闻是介绍什么的？（P60）	拼接游戏（P151）	

一团乱？针对特定状况的理论

如果你遇到了特殊状况，你可以看看本书，从中挑选两三种活动。如果你实在不知道该怎么办，考虑一下本书中的其他游戏，可能也适用于你的状况。

购物时		
这个和那个（P29）	逛商店！（P81）	百里挑一（P150）
如果……会怎么样(P42)	超市侦探（P142）	

在车上		
钻石形贴条（P11）	……的20种方法（P71）	往好的一面想……（P95）
神奇的问题（P17）	连接—断开（P71）	最大的问题是……（P156）
这是一个古怪的世界（P36）	问题是什么？（P72）	假设……（P165）
手指问题（P45）	疯狂的逻辑（P75）	你的问题是……（P180）
魔法问题仙女（P45）	做买卖！（P75）	神秘路线（P180）
多种用途（P69）	三维图片影像（P94）	
垃圾！（P70）	集中注意力！（P94）	

户外运动		
日常生活中的未解之谜(P18)	倾听（P33）	百里挑一（P150）
云（P20）	盲人旅行（P34）	这是个秘密！（P153）
你观察到的关于……的5件事（P26）	创造新游戏（P84）	切换！（P156）

026

聚会时	
记忆图片（P26）	全神贯注地听（P35）
找不同（P28）	思考并行动！（P154）
	捆绑！（P182）

入睡前		
神奇的问题（P17）	有多少种方式……？（P22）	拼接游戏（P151）
图片中有什么？（P18）	记忆旅行（P38）	有创意的理由（P177）
读故事，提问题（P21）	坚持不懈的范例（P100）	挽救局面（P179）
想想，如果……（P22）		

3. 提供的活动帮助解决常见的问题

每个孩子都是独特的，你也会清楚地知道自己的孩子有何长处和优势。你可能会有一些让你焦虑担心，不得安宁的问题——因为爱孩子的父母总是这样的。也许你的女儿很害羞，很难与他人进行沟通；也许你的儿子很容易被他人牵着鼻子走，你希望他能停下来，自己独立思考问题。

如果是这样，你可以选用以下表格中列出的活动来帮你处理：

拥有大量有趣的想法, 但是比较内向,不善于表达		
一分钟述说（P11）	新闻时间（P61）	拼接游戏（P151）
日常生活中的未解之谜（P18）	概念拼接（P73）	假设……（P165）
图片中有什么？（P18）	我就像一个……（P76）	合作（P198）
读故事，提问题（P21）	好的一面,坏的一面（P121）	目标日快乐（P210）
奇思妙想之旅（P43）	有什么事是你相信却无法证实的？（P134）	
魔法问题仙女（P45）		

对自己的想法没有信心, 习惯于按照别人的要求来思考		
家中的哲学（P7）	以食物冒险（P114）	有思想的朋友（P174）
读故事，提问题（P21）	令人吃惊的数据（P136）	合作（P198）
疯狂的逻辑（P75）	小心广告!（P141）	掌控局面（P208）
一个主意诱导出另一个……（P83）	超市侦探（P142）	散步（P209）
做风险记录（P113）	设想一下!（P154）	

充满精力, 但是很难集中注意力		
你观察到的关于……的5件事（P26）	倾听（P33）	逛商店!（P81）
记忆图片（P26）	全神贯注地听（P35）	三维图片影像（P94）
找不同（P28）	这是一个古怪的世界（P36）	集中注意力!（P94）
这个和那个（P29）	记忆旅行（P38）	数独游戏（P134）
混合搭配（P30）	调查日志（P52）	神秘路线（P180）

逻辑力和实践力强，但是缺少想象力		
涂鸦游戏（P16）	多种用途（P69）	往好的一面想……（P95）
隐藏的宝藏（P16）	垃圾！（P70）	这是个秘密！（P153）
图片中有什么？（P18）	……的20种方法（P71）	用灵感解决问题（P187）
想想，如果……（P22）	别人的视角（P71）	
如果……会怎么样（P42）	改良（P81）	
	展望未来（P85）	
	想象一下……（P86）	

犹豫不决，无法下定决心		
钻石形贴条（P11）	未知的概念（P130）	拔河（P165）
这个和那个（P29）	思考并行动！（P154）	逆向思维（P167）
魔法问题仙女（P45）	切换！（P156）	你的问题是……（P180）
神秘科学（P57）	最大的问题是……（P156）	
做风险记录（P113）	交换角色（P163）	
好的一面，坏的一面（P121）		

想法很多，需要停下来更深入地思考问题		
深入挖掘（P6）	你猜怎么着！（P131）	
给我说一说香蕉吧（P8）	疯狂的结论（P133）	做流程图（P182）
关于……总是对的？（P28）	解决问题的规划（P176）	实际生活中的发散思考（P185）
儿童新闻播报员（P63）	有创意的理由（P177）	解决实际的问题（P187）
问题是什么？（P72）	有创意的解决方式（P178）	跟我学（P207）
疯狂联系（P73）		

目 录

第 1 章

怎样激发独立思考

我们常常享受别人给我们提出
的方法,而自己不愿意去思考。

——美国前总统 约翰·F.肯尼迪
(1917—1963,执政年份1961—1963)

从最重要的地方开始。我们的孩子需要学习为自己思考——理想的情况下，要让他们享受自己思考的乐趣。经过深思熟虑想出的有趣且面面俱到的想法和观念不仅非常重要，也是让人过得充实而有意义的必备条件。如果年轻人能够学会清晰且自信地表达出自己的想法观念，而不被他们所遭遇的状况或是遇到的人所困扰，那就更好了。

不过这非常难做到——虽然我们很想要让他们变成上文所述的那样，但这并不是自然而然就能学会的。有些孩子似乎天生就能跟身边的人公开谈论他们的想法，事实上，这是特定的养育方式决定的。更常见的是，孩子虽然在学校里成绩很好，但成人向他／她询问意见时，他／她却没有什么实用可行的建议，或者只是重复别人的观念。

事实上，大部分孩子只习惯于跟他们的朋友和家人交谈。即便是在学校里，孩子们谈论的话题也通常局限于日常生活和所学的课程，没有什么能刺激他们认真进行独立思考的话题和问题。林肯大学副讲师刘爱普利称："中国的学生通常需要证明他们对所学内容的理解是否正确，而不是想出与他们的老师所说的内容相矛盾的观点。"那么，即便是学习成绩最好的学生，在面试或是遇见某个能真正改变自己未来的人时，也会不知所措，就一点儿也不奇怪了。

我们需要花费大量的时间不断鼓励，才能帮孩子真正对自己所想所说的建立起自信心来。孩子最初提出来的观点不可能是完美无缺的——它们需要不断地测试和修改。这世上最容易做的事就是告诉孩子该怎么想，而不是支持他们学着自己思考。

　　不过学着自己思考的人有一个很大的优势——让别人信任自己。当我们与他人打交道时，我们通常是通过人能否清晰而自信地表达自己的想法，来判断对方的智商。若一个年轻人知道自己有能力思考与任何话题相关的问题，那他／她就拥有了自主权，和他交往的人自然就会认为，这个人有能力参与成人间的沟通交流。在这样的良性循环下，年轻人就会真的有这种能力。不仅如此，他们还更可能自愿寻找新的机遇，培养新的技能，认识新的人和事物。从一开始，他们就在为未来的成功铺路。

　　也就是说，我们能给为人父母者的最重要的建议是——很简单——在孩子面前谈论各种事情。这一部分提供了一些实用性的建议，用以帮助你们的孩子培养自己的观念和意识，教你们该怎样给予他们自信，让他们跟更多人沟通交流。

 小提示

　　1. 不要自己挑起话题。相反地，你应该找出你的孩子感兴趣的话题。从找出你能够一起探索的话题开始是个不错的主意——而且是没有明显的"正解"的问题。跟小一些的孩子谈论由他们提出的问题而展开想象的话题是最理想的（实用性理念见第4章）。大一点儿的孩子通常都对更宽泛的精神上的或假设式的问题感兴趣——只是在家里时他们可能不会表现出这一点，因为他们担心后来会需要长篇的论述解释。下文的"家庭哲学"能为你提供一些建议。

2. 找合适的机会与孩子谈论这些问题。要记住，晚上孩子们通常都会很累，所以白天说更合适一些。例如，当大家都有想要聊的话题时，可以一边吃午饭一边聊，或是喝茶聊天时谈论。

3. 表现出你对该话题很感兴趣，而且你也想要跟孩子一起探讨的想法。不要说太多你自己的想法，相反地，利用这个机会去询问孩子的想法。要记住，积极性太高的父母常犯的错误，就是将与孩子的讨论变成向孩子灌输自己的想法，而不是相互地争论。

4. 不要忘了，你的孩子比你小！他们还没有机会培养批判性思维和辩论的技能，也没有掌握足够的知识。即便你认为孩子的观点很幼稚，甚至是错误的，你也不要让孩子认为说出这些观点很愚蠢。跟孩子好好讨论，就是要给孩子仔细检查、推断的机会，让他们形成自己的观念和理论，因此，你的主要任务是要让他们觉得他们的想法有价值。听他们说话，指出他们说的有意思或是原创性的内容，用如下所示的问题来探讨他们的理解和推理：

——那么，他／她知道了事情的来龙去脉，却仍然觉得……你会怎么看？

——你认为，他们的观点有什么优点？

——这听起来真的很不错！你认为，其他人可能会有不同的意见吗？他们会怎么看？你同意他们的观点吗？你能利用他们的观点来改善自己的看法吗？

——那……我们现在讨论到哪里了？我们已经讨论了那么多有意思的内容，我的头脑都混乱了。你能用一个句子给我做一下最终的总结吗？

5. 在讨论时帮助你的孩子改变思维和想法绝对是好的。告诉他们，如果一个人愿意听他人意见，认为他人的某些或全部意见比自己的更有说服力，并对自己的观念看法做出相应的调整，那么这个人就很聪明。对小孩子来说，要让他们明白这一点，一种简单的方法就是跟他们讨论怎样才是"头脑灵活"。

6. 当然，你可以提出自己的想法和部分背景信息，但要尽量以一种方式表明，这些是你一直在思考的，而且你也认为这些内容很有趣，而不是以你传递的想法和信息去纠正孩子、教训孩子。要一直记住，你的目标是要帮助孩子成为创意开发者——你是在鼓励他 / 她独立思考。

7. 最后，非常重要的一点是，在忙碌的家庭中长大的孩子更可能发展出一种天生的社交自信，以及与所有人谈论各种话题的能力，这将对他们一生大有裨益。如果可能的话，邀请周围的人们——请尽可能地多样化——都形成这样的想法，即你的孩子能够加入到你们的对话中来，至少是短时间地参与。

活动和游戏

深入挖掘

这个简单的游戏你们可能已经玩过很多次了，在讨论很多问题时都可以用这个策略。它不仅有助于培养不会被意料之外的开放式问题打倒的思维，还能帮助你的孩子想出经过深思熟虑才能得出的成熟观念。

下一次，在读报纸杂志时看到了出人意料的照片或有趣的事实或数据，或是刚跟孩子读完一个故事或一首诗，只要问问他们：

"你怎么看这个内容？"

孩子回答之后再问一句："为什么？"

就这么简单！如果他们回答之后，你重复问两三次"为什么"，能让他们真正开始理性思考，这样做更好。当然，最重要的是，尽量让这个活动保持轻松愉快：这是一场游戏，而不是一场测验！从他们的努力中你会发现，思考出有想法的答案，这事做起来远比听起来难。花时间去鼓励他们进行实践，他们就会逐渐习惯先花一点儿时间思考，然后再作答这种行为模式。

◆ 你认为这个故事 / 这张图片 / 照片怎么样？（理想情况下，选择一些你的孩子已经表现出感兴趣的东西。）

◆ 你为什么会认为……为什么？为什么？

年幼的孩子们通常喜欢被问很多次"为什么"，所以你们也要喜欢上这个活动。（唯一的问题在于，你应该能想到，他们也会自己养成这样的习惯，在任何时候向你重复提问"为什么"！）

家中的哲学

据说，老板们现在认识到分析性、创新性的思维技能非常有用，因此，越来越多的老板都想要获得哲学学位（谢泼德，2007）。这的确是一种提高人独立思考能力的有效方式。试想一下，如果一个孩子从一开始就养成了这种思维，这会有什么好处。

可以提及的哲学性的问题包括：

◆ 这世间的一切从何而来？

◆ 人与动物是不一样的吗？有哪些不同之处？

◆ 实话实说总是对的吗？

◆ 好与坏之间有什么差别？

◆ 如果你借了他人的东西却忘记了归还，这是偷盗吗？

◆ 我们怎么知道我们的命运是掌握在自己手里，而不是掌握在别人手中？

◆ 自由是什么意思？我们所有人都应该有自由的意识吗？言

论自由是好事吗？

◆ 宇宙中的其他地方也有生命吗？

对大一点儿的孩子还可以提一个听起来有点儿害怕，但却很诱人的问题：

◆ 如果你要写墓志铭，你想怎么介绍自己？为什么？

就这类问题多问问你的孩子，可能他们给出的答案会比你想的要丰富得多！

◆ 再想一想
推荐两本能够促进讨论哲学问题的书：斯蒂芬·洛的《少年哲学奇思录》和兰·吉尔伯特的《转换思维小书》。

给我说一说香蕉吧

这个游戏是根据某著名人物在牛津大学和剑桥大学的一次面试中提出的一个问题而设计的，它是让孩子们谈论最意想不到的话题的好办法，就是让大家轮流思考一个非常奇怪的问题，然后一起想各种可能的回答方式。

接受孩子的一切想法——从最普通、简单的到最疯狂、古怪的，然后让你的孩子们选择最好的想法，看看他们能否组合出最佳的答案。以下是一些面试官为了找出最有创意的应聘者而提出的问题：

◆ 如果我们将恐惧定义为"害怕能够伤害我们的事物"，那我们为什么要害怕蜘蛛？

◆ 如果你一次从一堆沙子中拿走一粒，那什么时候这一堆也就不成为一堆了？

◆ 我们为什么不是脸中央只长一只耳朵呢？

◆ 如果某公园有"禁止驾车"的标识，那你推着婴儿车进去算不算违背规则？

◆ 两个错误能变成一个正确的吗？

◆ 如果你要给蜡笔盒加入一种新的颜色，你希望加入什么颜色？为什么？

◆ 什么时候语言会比行为更有说服力？

◆ 爱情和战争都是公平的吗？

◆ 将所有的蛋都放在一个篮子里是值得的吗？

◆ 如果你能创造一种新的乐器，你希望它能发出什么样的乐声？

时事新闻

热门的时事新闻为讨论观点和开发孩子的观点提供了绝佳的机会。家长们总是担心他们的孩子似乎对这世间发生的一切不感兴趣，但按我的经验来看，这个问题其实在于我们是怎么开始谈论这样的话题的。如果你让孩子们自己选择，那他们认为有趣的话题其实就有很多。具体应该怎么做，详情见第5章。

Ted.com

这个网站真的很妙，里面有各行各业的人——科学家、音乐家、企业家等，应有尽有——讲述各种吸引人的话题的视频资料。如果你的孩子年龄在15至19岁之间，你可能会喜欢让家人们轮流进行演说，让他们挑选自己感兴趣的内容选段，并在晚餐时跟大家讨论。

浏览"播放列表"，你会发现很多有着诱人标题的视频，如"未解之谜""少年明星之谈""这真可笑""最令人震惊的TED视频"，这是一种有助于拓宽你的孩子（以及你自己）视野，让他们了解各种新理念的渠道。为了准备大学面试，你可能也需要先访问一下这个网站来做准备。使用的时候，鼓励你的孩子不要只接受他们听到的内容，有些内容是有争议的，他们需要自己决定要不要接受。

既然这个网站是为成人开设的，那么，就不能确保看到的都是"合适的"内容，你可能也要先检查一下这些内容。

一分钟述说

这个游戏旨在培养语言表达的流畅性而非观点的清晰性。事实上，玩这个游戏可以让孩子在未察觉的时候介绍各种复杂的话题。

一旦选好了主题（可以从吃的白菜到存在主义不等），玩家就轮流演讲一分钟，毫不犹豫、不重复，也不偏离主题。随后，孩子们真正开始思考，大家可以聊一聊哪些观点是最好、最令人吃惊或最有争议性的，关于这一话题，他们还有什么要补充的。

钻石形贴条

这是鼓励孩子们进行综合性合理思考的另一种活动，只要有铅笔和便利贴，可以在任何地方进行。这个活动有多种不同的版本，不过基本的流程就是列出9种选项，按重要程度，以钻石的形状排序，最重要的一条在最顶端，接下来两条放在第2排，第3排3条，第4排两条，最不重要的放在第5排（见右图）。

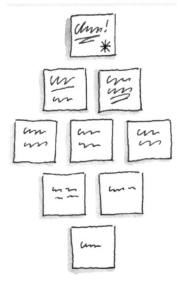

把每种选项写在单独的便利贴上，你的孩子可以不断改变想法，移动便利贴，重新给它们定位，直到最终做出结论。这个活动在车里做最好，因为你可以

让孩子们在车窗上贴便利贴时，大声把纸上的内容说出来，并告诉你他们为什么要移动。最后，让他们提出有说服力的理由支持他们的排序。

你可以试试与孩子们谈论如下话题：

◆ 9 种能够用于改善我们的花园 / 街道 / 公园的方式

◆ 交到好朋友 / 拥有幸福的家庭 / 成为成功的间谍的 9 大秘诀

◆ 9 大最佳足球运动员 / 歌手 / 书 / 动画片

◆ 9 种预示幸福感的颜色

◆ 9 种你离不开的事物 / 家具 / 话语

◆ 9 种你愿意与之共度一日的动物 / 人

◆ 如果一个热气球里坐着 9 个职业不同的专业人士，热气球要爆炸了，你希望谁最先跳下去？

◆ 如果我们有足够的钱去保护 9 种不同的动物，你最想保护哪种？

谁在说谎？

最后，我禁不住要介绍这款旧时流行的游戏——不是因为它能真正促使人独立思考，而是因为它确实能有效地改善表述的流畅度，磨炼说服技巧。每个人从字典里选出一个非同寻常的词，并以 3 种方式解释这个词的含义，这其中只有一种解释是正确的，其他人则猜测是哪一种。

第 2 章

怎样培养丰富的想象力

现在的真理过去也只是想象。

——诗人、艺术家 威廉·布莱克

（1757—1827）

我们很容易低估想象力的重要性。的确，许多人都承认，拥有丰富的想象力是好事——它能改变孩子们玩乐的方式，帮他们建立友情，创造了能成为他们整个童年快乐源泉的内心世界。然而，我们通常会忘掉，这个内心世界也是原创思想的源泉——是我们生活中遇到的各种问题的创意性解决方案的来源。

爱因斯坦认为："想象力比知识更重要，因为知识只定义了我们现在明白和理解的一切，而想象力则囊括了我们即将发现和创造的一切。"孩子们生来就有想象力，但通常这种能力的局限性令我们感到惊讶，这可能是因为现在孩子们都专注于玩笔记本电脑，所以他们没有必要开启自己的内心世界。

学校在这方面当然能帮忙，他们在培养孩子想象力方面做得很棒，尤其是初入学的孩子们，而这项工作主要是让孩子们创作诗歌和故事。极少有学校真正培养孩子们广义上的想象力，只是让他们记住下一次考试时需要用到的知识和数据。然而，想象力在描述历史事件，在对过去和当代的人物产生同理心，以及在理解跳跃性的、更高等的数学和科学问题方面是至关重要的。

真正有想象力意味着能够想象与我们现在所生活的环境不一样的未来，那种不接受既定生活、愿意竭力改善生活的人就真的有这样的特质，这可能是他们的生活方式，是他们的职业要求。想象力能够创造梦想。父母可以做很多事情来恢复想象的神秘感和魔力，这两种是现代生活中所缺乏的。以下是一些能帮你开始的办法：

小提示

　　1. 为看电视和玩电脑游戏设定时限。这不是因为它们本身有害，而是为了给人们拓展想象力留出空间。鼓励孩子们玩需要动用想象力的游戏，提供简单道具——如成堆的旧垫子、空纸箱、沙盘、旧轮胎等。

　　2. 让你们一起讲故事成为一种家庭习惯。例如，你们可以每隔一段时间就举行一次"故事晚餐"——家庭成员开始讲述自己虚构的故事，然后每个人轮流给故事添加情节，每个人都说几句。这些故事可以像你所希望的那样神奇——感性细节越多越好。

　　3. 用故事书来激发孩子的想象力。你可以问各种各样的问题，但最好不要让孩子产生"我正在接受测试"的感觉。选择那种没有固定的正确答案的开放式问题，如让大家讨论问题中的人物，他们为什么会做出他们做出的行为，接下来会发生什么，等等。这种讨论不仅能开发孩子的想象力，还能让他们产生同理心，让他们增长见识，甚至能帮他们自己做决策、解决问题。

　　4. 户外有很多培养丰富想象力的机会。观念和想法是需要时间才能形成并积淀下来的，因此，跟你的孩子外出散步时，要记住随时停下脚步，仔细观察事物、探索事物。这些东西很容易被忘记，因为之后你们还会遇到很多事情！开始创意性交谈的一种简单方式就是："想象一下，如果那棵树 / 那只风筝 / 鸽子能跟我们说话，你认为它会跟我们说什么？"

　　5. 鼓励培养各种不同领域的想象力。试玩第 4 章介绍的"如果……会怎么样"游戏。

活动和游戏

涂鸦游戏

这是一种令人轻松愉悦的游戏，很适合用于鼓励孩子开发自己的想象力。简单地画一个抽象的图形，然后轮流说说这个图形可能是什么。想不出来的时候，可以让孩子从不同的角度去观察、思考，比如从上面鸟瞰，比如从下面看，或者想象它正朝他们的方向走来。

隐藏的宝藏

如果你是那种经年累月收集各种奇妙和陈旧东西的人，那么，这些东西就能够激发人的想象力，让人对一切保持好奇。一个用薄纱裹着的旧娃娃、一个装着各种珠子扣子的盒子、一组仍然散发着木屑味的木工工具——我们都忘记了，这些东西对孩子而言可能是神秘的。利用好这一点：如果你有时间，取出一种来炫耀一下，跟孩子说"看我找到了什么"。

跟孩子一起开发这些宝藏，提出这类问题："你认为这个要怎么用？""你想一想，什么人会用到这个工具？""我真不知道我能发掘出这个东西的多少种不同的用途！"你可以想象一下，如果你们开发的宝藏有"灵魂"——这个虚构的角色知道这个宝藏的所有秘密，你会问这个灵魂哪 3 个问题？

我认识一位老师，每周都会带一种不同的东西到教室里来——也许是一个盒子，一只白色手套或是一个上锁的日记本——总会让孩子们非常兴奋。这些东西相互间有什么联系？里面有什么故事？这种活动不应仅限于在学校里展开——为什么不在家里也试一试，专门用一个架子来收藏神秘的东西？你可以邀请其他人也一起来做：请朋友或其他家人来家里做客时也带上一些东西。这些东西当然不一定有多么昂贵——可能是在户外发现的，或是在一个许久没有打开的抽屉底层发现的。

你的孩子可能也会想要创造自己的"隐藏的宝藏"区域——这时，鼓励他们仔细观察，去发现特别的、"有魔力的"、能加入到这个区域中来的东西，问一问他们，这些新的宝藏是否有什么故事，或是有什么特别之处？

这个游戏的目的是鼓励孩子们从不同的角度看待事物——重新获得有时似乎可能被忽略的神奇感受。

神奇的问题

找时间来询问和争论意料之外的、神奇的问题，例如：

◆ 想象你在花园的角落里发现了一扇隐形门，这扇门可能把你引向何方？

◆ 如果你的特殊玩具突然有了魔力，那这种魔力可能产生什么效果?

◆ 如果你要去这世间最神秘的屋子里玩,这间屋子可能是什么样的?

这些问题能让孩子做一些需要创意的活动,如画画、创造、表演等。

日常生活中的未解之谜

我仍然记得,8 岁那年夏天,我和朋友们花了好几天时间去思考,为什么我们花园里的滑梯上会有像女孩的脸的痕迹出现。我们猜测了各种可能性——我们都认为这个非同寻常的痕迹,显然是一个不知从何而来的陌生人;在跟我们交流沟通。这种猜测想象游戏很容易结束,不过这种游戏需要的创意却是很有价值的。

鼓励你的孩子从小就去探索周围世界中的未解之谜。你和孩子一起散步时,你可以指出周围景物的不寻常之处,比如缺枝少叶的针叶树、一块尚未使用却被隔离起来的土地、草坪中有一块空地等。一起玩游戏,给这些神秘的事物找出尽可能奇妙的解释,可以相互比较谁的想法更有创意。

图片中有什么?

画作、雕塑、书的插图、杂志上的照片——这些都为我们提供了开发想象力的绝佳机会。我们的问题在于，现在可以看到的图像太多，我们通常都是走马观花，不会去仔细审视其中之美。

出于这个理由，有时候我们只挑一张来观察更好——也许是杂志广告中的一张有趣的照片，或是一本书或一份图表中的图片。这能帮助我们"放大"图片——突出了图片的"独特性"——但你不必总是这样做，你也可以只将注意力放在你们一起读的故事书中的一张图片上。

这里的秘诀就是要鼓励孩子跟你一起探索这张图片。你可以发出这样的邀请，如"我发现了这张图——我真的很喜欢它，可是不知道为什么它是这样的，它有一点儿奇怪/有魔力/出人意料之外。你认为呢？"一起讨论，提出更深刻的问题，如：

◆ 你觉得图中的这个人/动物在看什么？图片之外还有什么？

◆ 如果这张图是要告诉你什么事，那你认为会是什么事呢？

◆ 如果你走进了这张图中，那你会有什么感觉？你首先会做什么？

◆ 如果你能跟图中的人说话，你会说什么？他们可能会做何回应？

◆ 你认为，半小时后图中的场景会发生什么变化？

云

这是一个很受人喜欢的游戏——不过我们现在都忘记去玩

了——就是，你看云有多少种形状？这个活动既能在外出散步时进行，也能在站在窗前时进行。鼓励孩子尽情展开想象，想出非常有创意的东西来。例如，当他们看到一朵像一只大张着嘴的鲸的云时，你可以问孩子它叫什么，它从哪里来，它是否有一位会魔法的朋友，它要去做什么，等等。你可以跟孩子们讲出各种奇妙的故事来。

抽象艺术

请你的孩子画一幅画来表现一种抽象概念——如幸福、爱、忠诚或好奇心等。你可以将写着这些词汇的纸片放在一个特制的袋子里。你也可以播放不同的音乐片段，要孩子画出他 / 她认为的音乐表达的意思。然后，鼓励他们与你谈论他们的想法。

读故事，提问题

跟孩子一起读书时，要对他们的想法和意见表现出兴趣，比如偶尔停下来，问一问一些开放式的问题，但不要太过频繁——你不要打断孩子的阅读，让他失去对读物的积极性。相反地，试着找出内容中的关键点，在你们都想要坐下来，回顾近期发生的事时，多想一想你们一起读过的内容和其中的角色。记住，不要把这当成一场测试——你的孩子能够看穿你的目的的！你想要做的是像"读书俱乐部"那样的讨论——只为享受阅读和讨论的乐趣。

问题应该突出重点，例如：

- ◆ X 现在可能在想什么事情？
- ◆ 你认为，X 现在有什么感觉？你是根据什么推断出来的？
- ◆ 你能够想象一下，接下来会发生什么吗？
- ◆ 如果你是 X，你会怎么做？
- ◆ 你对 Y 这个人物怎么看？为什么？Y 与 X 有什么不同？

或者更寻常的问题：

- ◆ 你最想要认识哪些角色？
- ◆ 如果你可以成为书中的角色，你想要变成谁？
- ◆ 这本书让我想起了 Z（之前读过的另一本书），但我也不知道为什么，你认为这两本书有什么相似之处？
- ◆ 你最喜欢这本书的哪一部分？为什么？

◆ 你最不喜欢这本书的哪一部分？

想想，如果……

另一个对你和孩子都好的主意就是，在一起读故事的时候，相互问"想想，如果……会怎样"，例如：

◆ 想一想，如果 X 不那样做，他就会……

◆ 想一想，如果 Y 没有出现，会怎样？

◆ 想一想，如果 Z 穿的是红色的裙子而不是白色的，会怎样？

如果按上述的问题安排情节，那会产生一个怎样不同的故事？这个情节改变之后，故事会怎样发展？会被毁掉吗，还是会变得更刺激、好玩？用这样的方式来推测可能发生的情节，就是在让孩子们当潜在的作家，他们有能力创造自己的故事及其结局。

有多少种方式……？

有时候，以编故事的方式来进行创意思考很有趣，例如，你和你的孩子能想出多少种让哈利·波特向德拉科·马尔福报仇的方法？

鼓励孩子进行非同寻常的、有创意的思考，然后挑选出你们最喜欢的思路。你们能够为既定的故事想出多少种不同的结局来？经常参与这样的活动——你的孩子对这样的活动会更感兴趣，这也向他们证实了，想象力在他们的人生中很重要。

第 3 章

怎样培养敏锐的观察力

我想要调动我的所有感官,来拥抱这多变而独特的世界。

——诗人、作家 马娅·安杰卢
(1928—2014)

我们错过周围世界的太多美好了，其中一个原因就是我们现在的生活过于忙碌。我们的头脑会屏蔽掉很大一部分正在发生的事情，只是为了不让头脑爆炸！然而，发现并观察事物是一种很有用的，而我们许多人都尚未开发出来的技能，也是理解能力、原创思维和幽默感的核心所在。

孩子们通常会远离外面的世界——除非受到引导，否则他们关注的大部分都只是周围的事物。所以，只要鼓励他们培养自己的感官能力，学着去关注周围的世界，他们就会真正受益。无论是让他们在自家的后花园里的简单观察，还是让他们遵循一系列复杂的口头指令，都是简单有效的训练方法。正如演员基努·里维斯所说的那样："简单的专心致志能让你受益良多。"

这一部分原因在于，如果你是那种说一遍就会的人，那么你做事就会更有效率，也因此会更受尊重。但这也不完全是因为如此。我们也总是听到这样的名人故事：他们之所以取得成功是因为他们运气好，遇到了合适的条件和机会，他们意识到了这些条件和机会，并充分利用了它们。的确，回顾自己的人生时，我们很多人都会记得这样的情况：我们读到的、观察到的或听来的东西以后会对我们非常有用，但我们当时意识不到。

生活通常是难以预测的，所以我们要教孩子们保持警醒，要善于观察，要学会包容和接受，这很重要。

此外，鼓励孩子们利用好自己的感官知觉，也能培养他们长期的专注力，让他们建立高效的记忆力。

小提示

1. 用各种方式来刺激孩子的感官。如在合适的时候带他们出去玩——去树林，去附近的小河边，去博物馆和艺术馆，去看音乐演出，等等。通常居住地会有很多免费活动，因此可以关注当地网站和报刊，留意相关信息。

2. 跟孩子出去时，可以设置难题和挑战性项目来提高他们的专注力。例如，"谁知道今天的公园里最不同寻常的东西是什么？"或者"谁能找到最多的东西来填满火柴盒？"。收集各种物品（之前要给出提示，是否有什么东西对人体健康或环境有害）做装饰物、拼贴画或是回家进行故事创意（见上文"隐藏的宝藏"）。

3. 如果你住在一个大城市里，公交车出行会让你们有很多观察外面的机会。你和你的孩子可以设计一张调查问卷，让你们记下沿途最令人惊讶／最漂亮／最神秘的事物。坐到公交车上层，看看谁记下的内容最有趣！

4. 帮你的孩子练习专注倾听的技能，鼓励他们用自己的话来复述你说过的话。你们可以相互来复述彼此说的话。孩子渐渐长大，你可以告诉他们，这是一种很棒的方式，能够体现出你对他人说的话感兴趣，也能让你自己集中精神，专心致志。

活动和游戏

你观察到的关于……的 5 件事

这个快速而有效的活动有助于培养孩子观察发现新奇的、令人惊讶的事物的能力，任何空闲时间都可以进行。一方选择一个目标物，例如，一辆车、一个人、一幅画、一朵花或一栋建筑，另一方则负责找出目标物的 5 个不会被立刻发现的特征。刚开始的时候，这很难找，而且这真的需要细致的观察才能发现。然后，指出目标物的一方可以从这 5 种特征中选出他们认为最有趣或是最能体现另一方超高观察力的一种特征。

这个有意思的活动适合在花园或是公园里进行，因为这能让孩子们体验到大自然的丰富多彩。并且，这也能让孩子认识到社会的多样化，以及城市的人文成就，让孩子发现画作和雕塑作品背后的秘密，让孩子观察身边不同的人的不同情绪、情感和个性特征等。

记忆图片

这个游戏可以让很多孩子分组玩，所以，当朋友们一起聚会的时候，玩这个游戏会很有趣。通常，最好是分两三组，每组人数不超过 4 个。

找到一张合适的图片——漫画或是涂色书里的线条画最好了，如果你们假期要出游或是去参观博物馆或动物园，用当地的一张简易地图也是可以的。放大图片，以便使细节清晰明朗，先遮住它，不让孩子们看到。给每组孩子分一大张纸和一些铅笔橡皮。

给每组孩子编号，如1号、2号等；让每组的1号先出来，给他们20秒的时间观察图片，然后让他们回去画下他们看到的东西；过一会儿之后，叫出每组的2号，让他们也观察图片20秒，然后让他们回去补充前一位孩子的画作；继续叫其他组的孩子，直到每个人都被叫去看图片两次为止。轮流两次之后，暂停游戏，并讨论一下，这些孩子们有没有发现合作的技巧。

最后一轮开始前，鼓励每组孩子花一点儿时间做看图的行动规划，每个人只有最后一次看图片的机会了，他们能想出什么策略来确保自己最后一眼能把画看全面？收集每组画出的图片，并为最接近原图的那组颁奖。

<hr>

◆ **学校链接**

如果你的孩子要熟悉和使用表格（如进行学校的科学测试，题目都是给出一系列的表格，要求考生从表格中发现问题并解决问题），那这个活动就很有用。尽量把这个活动当成游戏最有效，例如每个人可以用厨房蜂鸣器来提示计时，如果最终画出的图片错误不超过3个，就可以获得一个奖品。

如果这场科学考试非常重要，你可以重复这个游戏两三次——复习考试内容开始的时候玩一次，复习中期一次，考试前一晚再来一次。减少观察次数和每次观察用的时间，以增加难度，让孩子每次指出自己画出的图片与初始图片之间的不同之处。

找不同

孩子们都爱玩这个老游戏，而且也适合在聚会时玩。按数字排序；1 到 3 个人站在朋友们面前，让大家花几分钟时间好好观察他们；这几人离开房间，给自己的穿着打扮做一点儿改变，如脱下一只袜子或是换鞋子等，然后重新进入房间；第一个看出不同之处的人与第一个被看出的人交换位置。

这个游戏还有很多种不同的玩法，如果你是跟一个孩子在玩，那么你们可以轮流找你们各自对某个柜子上的摆件或房间里的摆设做出的改变。

关于……总是对的？

这个游戏不仅需要简单的观察，还需要我们进行比较和分析。最好在做其他事情的时候玩这个游戏，如读睡前故事、喂猫或散步时。秘诀就是，提问时要假装是真的在思考，如，"所有的童话有什么固定不变的特点？""所有的动物有什么固定不变的特点？""所有的树有什么固定不变的特点？"然后依次回答。

就孩子发现的某个有意思的地方赞扬孩子，或是假装需要一点儿时间去"想想"自己的答案，以此鼓励孩子。除了最初那些显而易见的答案，看看你们是否还能想出别的不一样的答案来。

◆ **给深入思考者的话**

对那些喜欢更富挑战性的活动的孩子来说，这个活动真的很棒，而且这个活动的确需要真知灼见和原创思想。例如，读故事的时候，你可以问问，关于里面的某个角色或是作者，有什么不同之处。要培养孩子对艺术的兴趣，你可以给孩子看某位艺术家的不同作品，并问孩子，这位艺术家的作品有什么特色。

要向孩子指出，你们的答案不一定很全面，让孩子有继续探索的欲望，看看是否能找到违背你们一起想出的"特点"的，比如找一个没有坏人的童话故事，或者一幅跟你们一起看过的那些画完全不同的画作。

这个和那个

这个活动最好是在跟孩子做什么实际事情的时候做，例如做点心、逛超市或从事园艺时。要让这个活动不太像是学习，而像是偶然性的活动。拿出两种你们正在使用或者购买的事物，如菜单上的两种调料，或是超市推车里的两种商品。你的孩子能发现它们的多少相似之处？多少不同之处？通常，你也可以自己来找，让这个游戏更有趣——也许两个人轮流找能有更多创意。还可以比比看，谁最先想不出来。

顺便说一句，吸引孩子注意力的一个不错的办法就是选两种很诱人的东西，如两根巧克力，或是两种不同品牌的薯条。这能调动孩子们的积极性，而且孩子们会像科学家一样对事物展开详细的分析，能让他们学到很多知识。而且他们还可以继续这个活动，将他们的看法归类，如包装设计、味道、颜色、气味、成分、原料、制造商等。

最后，问一问孩子们，总的来说，这些被挑选出来的东西是相同之处更多还是不同之处更多。让孩子们认识到，他们最终挑选出来的不总是取决于相同之处和不同之处的数量多少，而是取决于该事物的相对重要性。这样做很值得，例如，两种柑橘属的水果可能有各种不同之处，但它们却属于同一种属的水果，我需要的就是这种水果，其他的都不重要。

如果你的孩子能够认识到这样的活动与日常生活的关系，那么这样的活动就会对他们产生很大的影响，因此，看看你们还能不能找到同属但又有差异的事物来比较吧。

◆ **学校链接**

比较和对照的活动经常在学校举行，不过孩子们总是不知道该怎样合乎逻辑地、系统地进行比较和对照，孩子们给出的答案通常都是含糊其词、不准确的。

无论你的孩子是要比较两种玩具，还是一本书里的两个角色，还是两种减缓全球变暖趋势的办法，所需的基本技能都是一样的。阐述两者的不同之处和相似之处，理想的状态下，应该将这些特征分门别类。然后看看不同之处是多于相似之处，还是少于相似之处。这个结果是你的孩子意料之中的吗？如果不是，那么这个结果为什么会让他们惊讶？（对大一点儿的孩子来说）这个结果有什么含义或影响？

混合搭配

所有年龄段的孩子都很喜欢这个游戏，它鼓励他们运用想象力，发挥创意性思维，同时也培养了他们的观察能力。

一个人来做"发现者"，其任务就是从房里／花园／公园里（身处的任何地方）找出任意 5 种物品，其他人轮流用某种逻辑分类法（如颜色、大小、形状等）将物品分成两堆，一堆 2 种，一堆 3 种，但必须保密。

如果你是跟年幼的孩子玩这个游戏，那你可能需要先介绍这种概念，因为他们用的分类法可能是不合正常逻辑的！如果是这样，你可以问类似下面的问题：

◆ 你为什么把这些东西划归一组？

◆ 这个东西跟其他两种适合搭配吗？它们有什么相同之处？

◆ 你的分类法能让我们理解，这些物品跟其他分组中的有什么不同吗？

每一次物品被分为两堆时，其他人都试着去猜是按什么来分的。如果你愿意，也可以设置分数，这样，猜对的人就能获得一分，但赞赏有意思的创意和有见解的猜测结果也是同样有用的。如果你想不出来了，可以让其他人来当"发现者"，重复游戏。

◆ 给深入思考者的话

这个活动还可以更有创意一些，比如将不同的物品随机分为两组，你的孩子可以闭着眼睛分组，或是从一个塑料袋里取出不同的物品并分组，现在他们的任务是找出一种方法去区别两组。他们能发现每组物品的共同特征吗？如果他们很快就找出了一种，那看看他们还能不能发现其他的共同特征。

猜我的心思

这个游戏的另一个版本是，找 15 种不同的物品，这些物品被放置在其他人能够清楚看见的地方，发现者挑选一种，假装努力在思考该物品，其他人则试图猜发现者选中的是哪种物品。他们可以问发现者 5 个问题，但只能以是或不是来回答，如：

◆ 这件物品是塑料做的吗？

◆ 这件物品只有一种颜色吗？

◆ 这件物品是透明的吗？

这个游戏年幼的孩子开始的时候可能会觉得很难，会问太过狭隘的问题（如"是玩具长颈鹿吗"），以至浪费了提问的机会，但看到他们的观察技能和逻辑思维能力得到提高，还是很有意思的。

整理活动

找到方法让你的孩子参与到真实生活中的整理活动中来，最好是你假装需要孩子帮忙，例如，你可以说："我发现，把家里的所有照片都列一个清单，这样就能将它们好好收集起来——不过我不知道该怎么给它们分类，你有什么办法吗？"其他的整理活动，如整理碗柜或抽屉，或者以非常有创意的方式整理书架上的书等。

这是让孩子培养近距离观察和逻辑思维能力的极好的办法，竭尽所能，努力去想尽可能多的整理办法，不要只局限于最初想到的几种传统的办法——让他们安静下来，鼓励他们花时间去思考真正异乎寻常的办法。

一旦有了可以选择的办法，那就让你的孩子选出他/她最喜欢的一种，告诉你这种办法之后的思路，然后就开始实际行动。

倾听

下次出门时——无论是去逛花园、搭乘火车，还是步行去学校——让你的孩子和你一起记下你们所听到的声音，设置挑战——你能听到 10 种或 20 种声音吗？对你的孩子而言，能找到许多大多数时候我们都会忽略的声音是很有意思的，他们最喜欢的是哪种声音？为什么？你从 1 数到 10，他们能只专心听那一种最喜欢的声音，而忽略其他的声音吗？你也能吗？

逐渐延长时间，看看你们是否能在做这个倾听游戏时忽略其他的事物。这做起来比听起来难。

神秘的声音

这个受人欢迎的游戏也能帮助训练倾听技巧。给每个孩子一个袋子，然后让他们自己独处一下，秘密"收集声音"。例如，他们可以找一柄木勺和一口炖锅，或一个可以摇动的装豆子用的小袋，限定完成收集的时间一到，孩子们就重新聚集到一起，轮流坐在椅子后面，弄出声音来，其他人则猜测这声音是怎么弄出来的——猜对者得一分。

◆ **另一种想法！**
这个游戏也可以用于收集气味和味道——但为了安全起见，游戏过程需要成人严密监控！

盲人旅行

跟前一种活动一样，这个游戏也能促进孩子的倾听能力，同时改善他们的沟通能力。游戏的目标就是让说话者引领被蒙着眼睛的倾听者以尽可能短的时间通过一段路。为了让这个游戏更富挑战性，这条路应是由第三人指定的，而且路上应设置各种不同的障碍物。例如，你可以将路线设置为两把椅子之间，一张桌子附近，跨过一段木头，通过一扇大门，等等——用一根长绳子或是长筒袜作为起点。

当然必须要考虑安全因素！这个游戏最适合在户外玩，因为这样就不会打破家里的贵重物品了。也可以请第三人来监管整个游戏过程，确保不会有人从台阶上掉下去或是不慎陷入树洞里。

　　年幼的孩子可能很难给出清楚的提示，因此可以从非常简单的小道开始。之后，任务的复杂程度由你定。

全神贯注地听

　　这也是一种有助于让孩子提高倾听和专注力技巧的活动，这项活动也很适合在学校进行，因为教室里的很多活动也需要孩子正确地记住一系列的语言指示。

　　画一幅简单的画，然后让孩子们听指令临摹一幅，例如，你的第一句指令可以是"在纸上的中间部分，从左到右画一条线，然后沿着这条线将纸分成两半"，然后，"在右边的那半张上，画一个最大的圆"，等等。

给每个孩子一张纸，告诉他们如下的规则：

◆ 你将会大声说出一系列指令，有时一次一条，有时一次两三条。

◆ 这些指令不会重复说，每一条只念一次。

◆ 念指令时不能采取行动。

◆ 听完指令后，应该按指令行事。

最后，让你的孩子拿自己画的图片跟原图做对比，看看他们画得如何。如果满分是 10 分，那他们给自己打多少分？许多年幼的孩子起初都认为这很难，不过让他们见识到自己在进步也会给他们鼓励，他们也会喜欢试着自己画一幅画给你看——这也能训练他们的沟通和逻辑思维能力。

◆ **学校链接**
这是一种很不错的活动，能帮孩子们学会"水平的""垂直的"等数学词汇，以及二维图形，如六边形和等边三角形等。

这是一个古怪的世界
这个游戏是古老的"我去超市买了……"游戏的升级版本，对想象力的要求更高，也很受欢迎，鼓励玩家们培养专注倾听的能力以及记忆能力。

第一个玩家可以说，"在我的古怪世界里……"然后加上一句简单的描述，如"天空如翡翠一样绿"，第二个玩家先重复这一句，然后再加一句描述，"在我的古怪世界里，天空如翡翠一样绿，猫儿管理着所有的超市"，一直继续复述，直到有玩家记不住而放弃为止。

◆ **给深入思考者的话**

如果你的孩子想学能让他们记住大量信息的"戏法"，你可以用这个方法。这是一种非常有效的记忆方式，要求他们想象一次寻常的旅行，途中让他们找出其中的关键亮点，如路标、交通指示灯、车库等等。

试着记住列出的事情时（或如以上游戏一样，记住描述的奇怪事物时），他们应该在旅途中的不同地点描绘出事情和场景。例如，他们想象自己离开了家，抬头一看，头顶的天空是鲜绿色的，走到街头的邮箱时，他们看到一群小猫在派发新超市开张的传单。是的，你想得不错！这样做很有趣，因为旅途中发生的事多种多样，所以也可以让人记住大量的信息。

触碰它！

这个活动是为了刺激小孩子的触觉，提高他们的语言技能。每个孩子都准备3到5种他们认为别人仅靠触碰很难辨别的东西，然后让其他人蒙上双眼，一次触碰一种东西，在说出物品之前，先要详细描述触碰物品后发现的物品特征。

这个游戏很简单，但很有趣——孩子们会喜欢上找寻能够愚弄你的东西的过程，轮到你猜时，仔细感受每一件物品，每次都用几个词来描述物品特征。

记忆旅行

　　帮你的孩子培养对感官的高度认知，培养更高效的记忆技巧，鼓励他们回顾跟你一起体验的特殊事件。假装你们是要进行一次记忆旅行——回顾你们都很喜欢的一次特别经历。一起描述那次体验，好像你们是回到了当时一样，停下来去关注这一路上的声音、环境和气味。

　　相互问问题以激发出孩子更多的相关记忆。这时能闻到什么气味吗？看，……上面有什么？这个东西是什么样子？你的孩子可能会发现，在进行这个活动时，闭上眼最好。

　　这是一种很有效的训练，重复进行的话，你（和你的孩子）会发现，你们每次记住的东西会越来越多，这就是说，某些特别的事情——即便是很寻常的事情，很容易忘记的事情——也会在记忆中占有一席之地。

　◆ **学校链接**
　　如果你的孩子跟同学们出去游玩过，或是学校里举行过特殊的活动，如名人来访或体育比赛，鼓励他们跟你一起回忆，让他们尽可能描述清楚，就像你也去了现场观看一样，这对你的孩子非常有益。当他们进行创意活动或是撰写报告时，他们会马上调动所有的感官记忆，这也有助于帮他们理清思路。

第 4 章

怎样激发强烈的好奇心

很多人都见到过成熟的苹果从树上掉下来，但只有牛顿问过苹果为什么会掉。

——金融家、政治家、总统顾问　伯纳德·巴鲁克
（1870—1965）

进化让孩子有好奇心和探知欲，尽力寻找各种解释，来理解这个非凡的世界。令人悲伤的是，成长通常会毁掉这种好奇心和探知欲。套用教育和文化评论家尼尔·波兹曼的话来说，孩子们上学是带着问号去的，放学却是带着句号回的。

其中的部分原因是我们——家长和老师——犯错了。孩子们更常见到成人回答问题，却不常问问题。他们就会认为，成人之后就不会问问题了，问问题是幼稚、软弱的表现。答案——知识——才是最重要的。

然而，调查、探索的能力，知道怎么问有见解的、有挑战性的、开放式的问题也是很重要的。作家、编辑、伦理学者塞缪尔·约翰逊（1709—1784）曾说过："好奇心是精力充沛之人最持久、最确定的特征之一。"这代表着一种主动的、开放式的解决问题的精神，同样，它不仅是成功的学习和研究的核心，也是创新和进步的关键所在。

企业家安东尼·罗宾斯说："高质量的问题创造了高质量的生活。成功者问出的问题更高级，那么他们得到的答案也就更高级。"

我们需要竭尽所能来维持孩子们的好奇心。幸运的是，问"有思想的问题"是一种可以训练的技能，就跟其他的技能一样——而且，经过训练之后，你很快就会因孩子们的改变而感到惊讶的。年幼的孩子好奇心尤甚，而且，他们更能够想出更有意思、更非同寻常的问题来。

小提示

1.让你的孩子知道，你也在问关于周围世界的开放式的问题。一种好的方式是，大声地说"我不知道……"（如"我不知道为什么花里有这些黏黏的东西""我不知道要是在这个蛋糕里加一整个鸡蛋的话会怎样""我不知道难民要在这个国家生活是什么感觉""我不知道猫为什么有胡子"）。看到他们很快也会问类似的问题，你也会很惊讶的。

2.不要为你的孩子找到了问题的正确答案而奖励他们，而要为他们问了真正有趣或不寻常的问题而奖励他们。当你回答不了他们的问题时，不要不敢承认。马上就能给出的答案也极少是最好的那一个。相反地，要为孩子问出了如下这两种问题而庆祝：（1）经常困扰你，而且到目前为止你也没找到满意的答案的问题；（2）你从未想过的问题。当孩子们问出了这样的问题时，你可以这样回复："这真是个有趣的问题/想法/建议。我需要点儿时间来想一想"或者"这个问题真棒——你居然能想到这个问题，我真的很惊讶。我需要好好思考一下，等我们有时间了我再来跟你讨论这个问题，这样可以吗？"。这就是在告诉孩子，不是所有的问题你都能回答，这也很不错，这让他们也开始"花时间思考"。

3.如果你的孩子问了一个很有意思的开放式的问题，那这就是一个你们一起开动脑筋思考的好机会。让这个活动变得有意思，有探究性，也许你们可以轮流思考。避免直接跳到正解——要记住，你是在鼓励孩子自己思考。

活动和游戏

如果……会怎么样

轮流提问，问出尽可能多的"如果……会怎样"的问题，这些问题可能跟你们身处的环境有关。例如，上学的路上看到的一切事物，你能问出多少个"如果……会怎样"的问题？逛超市或是动物园时，你又能问出多少个这样的问题？相应地，你孩子读的书，或是某种宽泛的学科领域，如科学、自然、太空和数学等方面的知识，你都可以问出很多这样的问题。有时候，这样的问题看起来很古怪，而且也是开放式的问题，没有固定答案。

以下是示例：

孩子们喜欢这个游戏，受到鼓励之后，他们会学着提一些真正需要想象的问题，他们想出了一个不错的问题时，停下来仔细思考他们的某些想法可能产生什么样的后果。（最近，我问一群孩子，如果人有 3 条腿会怎样？他们给出了我以前从未想到过的答案——从"这样开车就更容易一些，因为每个踏板你都能用脚踩到"，到听起来有点儿不可思议的"你可以用多出来的脚将别人绊倒"不等！最棒的是，这个游戏不会"出错"——所以这是一个不带威胁性的，真正鼓励孩子们发挥好奇心和创意的游戏。）

奇思妙想之旅

鼓励家里的每个人"大胆思考"，问很多"我怀疑 / 猜想 / 认为……"的问题。你可以说，过去伟大的思想家都是通过问"我怀疑那是怎么起效的""我猜为什么会那样"或"我猜如果……会怎样"等这样的问题，去进行新的探索发现的。

让每个人在单页的纸张或便利贴上记下他们的"我怀疑……"问题，如果愿意的话还可以加上插图。围绕家里的事情提出一系列问题，一起探索它们，挑选出你们每个人最感兴趣的问题，以供大家仔细探讨。（这一活动是从盖伊·克拉克斯顿的《建立学习能力》中归纳得出的。）

启发问题

如果给孩子们一些"启发问题"，他们就会认为，学着问有趣且不同寻常的问题更容易一些。一起制作一张海报，挂在墙上，列出多种提出有想法的问题的方法。

要让家里的每个人都参与进来，最好的办法是让大家把问题写在便利贴上，然后再将贴纸贴在剪贴板上——也许每个成员用不同颜色的贴纸最好。这让你的孩子很快就明白，提问有多么重要，他们也会知道，人从小到大都会提问题，这不是一种长大了就会不做的事情。只要有人想到了什么问题，就记录下来，然后大家可以在吃饭或是开车出去时进行讨论。

手指问题

这个游戏适合在车里玩：一个人挑选一个物品、一个地方或一个人物，其他人轮流问关于目标人或物的 5 个问题，一次用一根手指，从"为什么""什么时候""怎么样""在哪里"和"谁"开始。年纪小的孩子可能认为这个问题非常难，但你只要给一点儿鼓励和奖励，他们的问题就会变得更有趣，连你也会惊讶的。

◆ **给深入思考者的话**

提高难度，让每个人想一想，一位艺术家 / 工程师 / 科学家 / 足球运动员可能会问出关于目标物的 5 个怎样的问题。这鼓励孩子们站在别人的视角看问题，而且也是很棒的训练想象力的机会。

魔法问题仙女

想象有个名人来你家里喝茶！可能是当代名人或是新闻人物，书本、电影中的主角或某个历史人物。请你的孩子们想象，他们拥有魔法粉，要撒在客人身上，这些魔法粉让孩子能向客人问 5 个他们想问的问题——客人只能以实话回答，不能说谎！他们会问什么？

虚构的问题之母

跟前一个活动一样，这个活动也要求孩子们想象有人来拜访——不过这次是问题之母，她会给他们问3个问题的机会，现在，开始思考吧！他们会选择什么问题呢？

问题集

另一种可行的帮助孩子的办法就是做自己的"问题集"——专门收录孩子问的特别的问题的集子，他们提的任何问题都可以记录下来，当他们问出问题时，鼓励他们与你进行讨论。

◆ **学校链接**

鼓励孩子们提出他们真正感兴趣的问题，这能让他们对学校的课程更有兴趣。你的孩子对近期学的历史或地理课有什么疑问？他／她会对著名的历史人物、作家或科学家提出什么奇怪的问题呢？

他们的前5个问题可以被带到学校里，大部分老师都会很高兴看到自己的学生玩这个游戏。我希望，他们也能找时间跟孩子们谈论这些问题，引导他们进行研究探索。

第 5 章

怎样培养"去找找"的行为习惯

尽可能广泛地涉猎各种学问，
并尽可能深入地择一钻研。

——生物学家　托马斯·亨利·赫胥黎
（1825—1895）

我之前就说过，孩子们在学校里学各种知识，但这些东西都是别人告诉他们必须要学的。最好的学校和老师至少会为学生们创造机会，让他们针对既定的话题提出自己的问题，不过因为他们要在限定的时间内学习好几门课程，所以这种机会也是少之又少。而这个世界却是一个迷人的世界，当然，我们的孩子们的成长既需要强烈的好奇心，也需要想要攻克所有难题的欲望。

　　考虑到知识的短暂性，这一点尤其正确。当然，大家学到的某些知识也是很重要的，但有些时候，我们在学校里学到的有些学科知识对我们用处不大。回忆一下你自己的童年，你学过的多少知识是在你后来的人生中也很重要的？

　　心理学家 B.F. 斯金纳说："教育就是你忘记了所学的一切之后所剩下的东西。"有些思想前卫的学校已经开始教学生们"学着学习"了——要想进步，这一点的确很重要，在瞬息万变的未来，只有这样发现变革性问题，掌握研究和处理信息的技能才是最重要的。毕竟，我们也不清楚未来哪种知识的用途最多最广，而且很有可能，最重要的课程还未被开发出来，更不用说应用于学校之中了。我们的孩子真正要培养的是学习应对各种状况的能力，而且是带着热情和自信去学习。

　　美国统计学家和商业顾问 W. 爱德华兹·戴明说得很对："学习不是被强制执行的任务，生存也不是。"

　　作为一个高效的"发现 - 旁观者"，你不仅要为变化做好准备，还要在面对诸多挑战时当一个安全卫士。这样，你的孩子才不可能被欺骗（这一点精明的商人要记住，不过现在，私人股本投资顾问也需要），而会在将各种机遇进行仔细比较之后再做决定。

此外，随着我们的孩子渐渐长大，他们也会想要了解更多关于自己生活的这个世界的信息。全球化趋势意味着，要想获得成功，人们需要了解不同事件的相互联系，以及对我们所有人的影响。这让他们更有能力对大局形成自己的观点和意见，并让他们更有能力去改变世界。从短期而言，这会给高等学院的面试官留下深刻的印象，让他们从一大堆对这世界没有认知的候选人中发现真正胸怀天下者。

要鼓励孩子培养广泛的兴趣，我们要做的有很多。有些孩子看起来天生就会自己探索调查周围的事物，而且他们也清楚地知道，自己感兴趣的是什么，不感兴趣的是什么，而有的孩子可能就需要更多的鼓励了——尤其是随着孩子逐渐长大，他们接受的教育让他仅仅局限于接受学校设置的不同科目的知识，而没有机会去真正探索。

上一章里，我们介绍了很多能够刺激孩子进行有意思的探索调查的方法，这里我们再介绍一些用于培养孩子独立进行探索发现的能力的策略。

小提示

1. 对你自己的学习感兴趣。向孩子证明，学习是一件有意思的事，是令人兴奋的，也能够为我们开启新世界之门——而且，人即便是长大了，变老了，也是需要学习的。

2. 鼓励孩子选择各种他们可能感兴趣的领域的知识。告诉他们，我们现在想要知道任何事，几乎都能得知，这是多么幸运——从企鹅的迁徙习惯到阿斯顿·马丁（英国轿车品牌）DBS V12（詹姆斯·邦德喜欢的一款车）的构造等。等我们去探索发现的东西太多了。要记住，在这一阶段，你希望让他们成为有自信和热情的学习者，所以他们选择探索哪方面的知识一点儿也不重要（当然，法律和道德上的限制是必需的）。

3. 带你的孩子去图书馆了解各种知识。支持他们用网络搜索工具做调查研究，也许还要给他们准备一本特殊的剪贴簿来做"调查日志"（见下文）。

4. 如果孩子们发现了新的事物，让他们来教你，让他们体验一下教别人的乐趣。这个很棒，这向他们证明了学习是为了生活，所有人都会享受到学习的乐趣。

活动和游戏

做侦探！

从孩子小时候开始，我们就要向他们传授这样一种观念，我们都是"学习侦探"，要去探寻我们所生活的这个世界的秘密。鼓励你的孩子按如下的步骤去做：

1. 选择研究方向。你想要探究什么知识？你想到了什么你真正想要解答的有意思的问题吗？

2. 考虑从哪里开始研究。要找重要的相关信息，可以采取什么途径？用电脑？维基百科？去图书馆？还是找一个专业的人？

3. 寻找线索。收集信息，做笔记，做访问。在调查研究的过程中，要是出现了相当有意思的线索，那就深入挖掘吧。

4. 做出推论。你认为你找到的信息有什么用？你现在有自己的想法观念了吗？

5. 做调查报告。你发现的内容中，有哪 3 种最为重要？

你们可以一起做"侦探"海报，海报上有 5 个脚印，每个脚印都要足够大，足以容纳上述 5 步的内容。

调查日志

给你的孩子准备一个特别的笔记本，用于记录他们的调查研究，最好是有空白页和横线页，并留出一些时间一起制作一个合适的封面。例如，可以用报纸拼贴，或是复制书中你孩子觉得有意思的主题内容，相应地，也可以包括著名角色或人物的不同图片。

在笔记本的封面内页，你的孩子可能会做一个如上所述的海报。下一页是一份逐渐增多的内容清单，也许可以起这样的标题——"我的调查记录"，然后帮你的孩子挑选第一个要探索的问题。

孩子的探索发现可以以任何他们喜欢的方式记录下来——当然不必要完全成段地写出来。例如，孩子们可以将自己的不同想法写在不同颜色的贴纸上，并放进盒子里；或者是记录在纸页中间，旁边则写着你孩子的所有想法，画着相应的图片，可能是随机排序的，也可能是思维导图式的。可以在一页上写"最有意思的十大发现"，另一页上写"我最爱的网站"，并给这些内容做简要的概括。想要获知更多信息，详情见下一个活动。

记录资料的有趣办法

我们有各种记录有趣信息的办法，托尼·布赞的思维导图全世界教育界和商界都在使用，而且广受欢迎。这种方法的主要好处在于，创造一种思维导图帮助人认清楚自己已经了解到的东西，而不只是将自己所学的复制出来。你的孩子应按横向格式列表，然后在中间写下他们探索的主题，他们可以将这一主题划分为不同的副主题，并给这些副主题标记不同的颜色分支，每一个枝杈的末端，副主题又可以分成不同的要点，案例详见《给孩子的思维导图简介》（布赞，2003）。

还可以画曼荼罗（象征宇宙的图案，通常是圆形），这时候，主题是写在一张大纸中间的一个圆圈里的，这个圆圈旁边还有另几个圆圈，里面写着三四个副主题，每个副主题用不同的颜色标注，我们还可以加上一些圆圈，将副主题再分为不同的要点和细节，直到全部记录下来为止。

另一种选择就是画一棵树形表，在纸页的顶端写下要研究的主题，在树的枝杈上标记副标题和要点等。你的孩子就可以将他们的探索发现都列出来了——比如重要的事实、词汇等——列在枝杈下方。树的每一个分枝都可以用不同的颜色来写，以便使最终的结果更醒目，更容易记住。

除了上述之外，还有很多其他的方法可以记录信息，你的孩子可能选择了主题之后，将他们的笔记变成了一份海报或图表，用不同的标签来标记不同的内容。如果他们是文艺范的，他们可能会将列这种表格当作一次连环画创作，用语言泡泡来解释每幅图片的内容。他们可以制作一系列的事实揭秘小卡片，用一句"你知道……吗？"附加一幅图来说明。这些游戏都很受欢迎，因为孩子们可以用这种方式吸引朋友和家人一起进行探索。

侦探的线索

这个活动需要付出的体力更多，因此可能并不太适合太过忙碌的家庭使用。然而，如果孩子暑期在家，而你实在想不出什么好的娱乐活动，这个活动就很不错。

鼓励你的孩子开始一次钻研探索，然后帮他们准备一份简单的记录。例如，你的女儿想要了解更多海洋生物的知识，那就跟她轮流想有意思的问题去探索，如"海里有多少种海豚""章鱼以什么为食""海洋生物的哪些御敌方式最奇怪"等等。记录下所有的这些问题，让你的女儿挑选出 6 个她最喜欢的。

在调查日志中留出一页，分成 6 个部分，在每个部分的顶部写下一个问题。现在收集各种与问题有关的资料（书、网络、报纸等），将它们放在家里的不同位置。（如果你们有时间，你也可以给每个问题设置秘密标记，引导他们去开始下一步活动，这对你的孩子而言可能更具吸引力——不过对那些太过心急的家长而言，这样可能太过分了。）

一起追踪线索——或者让你的孩子和他们的朋友一起来玩，如果他们回答了所有的问题，就给他们一个奖励。在每一种与问题有关的资料中，找出有可能帮助回答问题的线索，并在合适的位置上记录下这些线索。有些孩子可能会给每个问题用不同的笔来标注，这种能够看到的线索对后来的组织和记忆信息有帮助。

你的孩子发现了什么？有什么令人惊讶的发现吗？如果让他们一生记住一种问题，他们会做何选择？为什么？如果他们跟朋友已经做完了这项活动，他们就能充当顶级的专家，暂时地来教你他们所发现的东西吗？

◆ **学校链接**

这个记录线索的方法真的可以用于做实验性的家庭作业，这能让作业过程不那么令人却步，还会更有趣——尤其是对那些坐不住的活泼的孩子而言。

新闻简报

研究不一定总是要关注各种既成事实，个人的看法和印象在某些领域也是同样重要的。如果你的孩子选择的问题针对的是个人见解的话，那就鼓励他们在日志中做一份记者访问，挑选一些在选定领域有话要说的人。例如，孩子们可以采访邻居、兄弟姐妹、亲人或老师，并将访问内容录制下来，播放。

◆ 给深入思考者的话

这个技巧对那些更有能力的孩子挑战"大问题"很有帮助。"我的宠物死了是怎么回事?""其他星球上也有生命吗?""为什么有些人一发水灾就一无所有呢?"面对这样的问题,我们有必要先让孩子们了解一些基本知识。

大量的小玩意儿

有什么东西坏掉了——比如旧的吹风机或收音机——不要扔掉,留着以便将来用于研究调查——无论是天晴去花园还是雨时待在家里都可以用。你的孩子会喜欢上拆卸东西——你可以设置小小的挑战,如"你能找到的最奇怪的零件是什么?""我们还可以用这个小零件来做什么?",还可以问,"你能再把它们拼起来吗?"

神秘科学

要让你的孩子养成质疑、调查的习惯，那就要开发他们的梦想潜能以及自己动手做实验的能力，例如：

微笑有什么作用？

我能做什么样的船，沿着这条小溪到下游？

我们的宠物鼠／狗／猫每个小时是如何度过的？

无论他们想到了什么，他们都可以记录在调查日志上，等空闲的时候来研究。

如果你有时间，帮你的孩子想一想，他们需要收集什么样的资料信息，他们要怎样收集这些信息，他们又会用什么方法记录保存他们的发现。结果出来之后，他们可能会想向家人们做一份报告。

扩展调查

用这些方法，你就能在孩子的成长过程中起到重要的作用了，因为这一路上，你的孩子可能会发现真正感兴趣的事物——无论是天文学、园艺还是汽车保养，感兴趣的事物真的不重要，有兴趣才是最重要的。对某种事物很热忱是很棒的——它给予我们坚持下去的决心和驱动力，让我们保持警醒，主动积极行事，培养我们的研究技能、坚持力和对细节的专注度。这些品质和技能在我们的人生中发挥着重要作用，因此从小就开始训练培养真的很有必要。

我认识一位十几岁的少女，她对美国政局很感兴趣，她在这方面的知识储备和对此的热情让人印象深刻。只要跟她交谈过，就会发现她绝对是那个脱颖而出的锥子——因为她的热情和驱动力在如今这个社会上非常少见，我们如今的社会可是没有给我们多少时间来培养孩子对世界的激情的，这令人扼腕叹息。她的激情现在驱动了她的野心——这也给了她一个独特的理由，让她相信自己，相信自己对这世界非常重要。

一旦孩子有了兴趣，你就要竭尽所能地让他们的兴趣生根发芽，开花繁衍。例如，你可以为孩子设置挑战，如果他 / 她对园艺感兴趣，那就给他 / 她布置一个花园；如果他 / 她对天文学感兴趣，可以资助他们出一部《无用父母的星象指南》，你可以让你的孩子在邻居和朋友们面前好好露一手了。对不同的孩子，这样的活动当然需要适度的调整——当然，在理想的状况下，你的孩子应该自己去选择他 / 她真正感兴趣的东西。

最后一步，在父母不插手的情况下表现出兴趣——这种平衡很难以把握。理想状况下，你想要让你的孩子感受到你的支持，但他们也能自己掌控好想要探索的项目。想要了解更多信息，详情见第 16 章。

鼓励孩子对新闻时事感兴趣

这是一个微妙但却相当重要的领域：从一方面而言，成人有时候总会抱怨孩子们对周遭世界漠不关心；从另一方面而言，我们却听说，如今的孩子们对报纸和网站上讨论的各种大问题——如全球变暖、战争、恐怖主义等越来越觉得有压力了。

问题在于，如果"新闻"被忽略了——无论是在家还是在学校——那么孩子们只会留意负面的消息。这样的话，孩子们就不会培养出对时事的真正兴趣，反而会对充满不确定的未来感到恐惧。在帮助孩子们培养出中立的观念，开拓他们的眼界，让他们对我们周遭世界发生的问题和故事感兴趣这方面，我们的引导作用很重要。

挑选合适的报刊

要记住，你的孩子还小，即便《第一财经日报》上的内容对你来说很重要，你的孩子也不会对《第一财经日报》上的消息感兴趣的。订购那些对孩子有益的报刊，以及你平常阅读的报刊或是选择不那么重要的晚报，你很快就会发现，这些报刊上的内容对孩子更有吸引力。

如果这个想法让你感到恐慌，那么你要记住，你要打的是一场持久战，你第一轮的目标就是，让你的孩子发现报刊是很好看的读物。如果这意味着你要购买一份——暂时性的——适合8岁孩子看的报纸，那就这样吧，从长远的角度而言，这会让你的孩子获益。

新闻是介绍什么的?

在家里设置一块新闻剪贴板,这样,家庭成员们会将自己感兴趣的、有意思的新闻标题和短文报道内容粘贴在上面。为了让孩子明白这个活动,请孩子帮忙制作这样的剪贴板,用合适的边框装饰,并给它起个合适的标题,如"这世界上发生了什么?"或"你相信吗?"。

定时更换剪贴板上的新闻内容——挑选真正能吸引人注意的内容。小一些的孩子通常喜欢关于动物、名人、外太空和体育方面的报道,所以可以先放这些方面的内容。

随着孩子渐渐长大,他们会对各种话题充满兴趣。作为老师,我也见到过很多孩子带着兴趣和热忱跟成年人争论,如全球变暖、动物权益、公众场所吸烟、言论自由、恐怖主义威胁、克隆人、安乐死、可再生能源等重大问题。

还少了什么?

在你的新闻剪贴板上,孩子们可以选出最吸引他们注意的标题,并抹掉其中的一个关键词或短语,这样你们可以为彼此设置挑战,各自来猜完整的标题是什么——谁想出了正解给予奖励,猜错的接受惩罚。

零讯琐闻

如果你的孩子对动物研究感兴趣，那你就要去找各种相关资料。

你的孩子可能会想做一个剪贴簿或是用调查日志来记载他们认为新奇或诱人的不同主题。

新闻时间

告诉你的孩子，报纸就像是秘藏箱——里面偶尔会有些金子，等着被人发现。你的孩子将会高兴地发现，读报纸跟读书不一样——很少有人是从头一直读到尾的。相反地，读报纸时，只要浏览个大概，然后找到吸引你眼球和你感兴趣的内容就可以了。

你可以设定"新闻时间"，你和孩子各自拿一份报纸，然后轮流告诉彼此某个吸引你们注意的报道内容就可以了。注意，你们的描述要简洁明快，只要让对方大概了解内容即可。记住，你是想要证明，你自己制作的报纸也能让孩子感兴趣。不要利用这个机会去详细介绍最近的股市崩盘状况，或是津巴布韦的历史等问题，这些问题孩子们自己会去探索的。同时，试着配合你的孩子找寻需要的资料，耐心一点儿——随着他们年岁渐长，他们的水平也会逐渐提高的。

时事论坛

　　在第一章里，我已经介绍过让家人们每周讨论一次——也许是一起吃饭的时候，或是一起开车出去玩的时候。你的孩子可以从上文中描述的新闻剪贴板上选一个主题，然后轮流思考有关该主题的问题，最后再挑选出你们认为最有趣的问题一起讨论。

　　要记住，你的目标是让孩子们对周遭世界发生的事情感兴趣，如果你认为这真的很重要，你可以提供一些相关的背景信息和知识，但你的主要任务不是这个，相反地，你应该问你的孩子有什么看法。请不要耗费太多时间在这里，而且你应该问开放性的，没有"唯一正解"的问题，例如：

　　◆ 你觉得这个话题最有意思 / 最令人惊讶的地方在哪里？关于这个话题中涉及的问题，有什么需要担心的？

　　◆ 如果你有魔力，你会做出怎样的改变？

　　◆ 你知道谁对这个问题有不同的看法？

　　◆ 如果你要问这世上无所不知的精灵一个关于这个话题的问题，并得到真实的答案，那你会问什么问题？

尽一切办法帮忙，偶尔加入你的看法——不过你只能给孩子提建议，而不能让你自己的看法压倒孩子的意见。

记住本书提出的第一系列"小提示"——给予特别的奖励。你的孩子提出的任何重要的想法，或是表现得是认真想过相关话题的样子，那就赞扬他们一下，如果你让他们知道了，你是在认真考虑他们的想法和意见，他们也会很自豪的。

儿童新闻播报员

如果这一切听起来太过沉重，要记住，这都要看你是怎么跟孩子们介绍这些内容的。一种让人放松的方式是，让你的孩子读新闻，然后向家人们做一次两分钟的新闻摘要。他／她可以挑出多则报道，然后坐在书桌前，向观众们播报这些新闻摘要。

如果你们家族规模很大，你的孩子还可能会想要访问不同的人，问问他们对某条报道的看法，用影音记录下这一切。可以这样开始——"灯光，镜头，开拍！"，以让这个过程变得既有趣又正式。

第 6 章

怎样鼓励原创和创新

如今，在教育方面，创造力跟读写能力一样重要了——我们也应该同样重视创造力。

——创造力专家、作家、政府顾问　肯·罗宾逊

（1950—）

创意可不只有艺术创作用得上，创意是想法，在艺术上，创意可能会让人创作出非凡的画作、诗歌和剧本，但同样，创意也能让人取得科学上的突破和进步，可以让人生产出有独创性的精致新产品；创意能够改良制作方式，改善制作步骤，让人想出独特的管理模式和开拓性的政策法规，新颖的解决复杂问题的办法，等等，简而言之，就是让人进步。

经济学家凯恩斯曾这样说过："思想决定历史的进程。"这话放在现在是最合适的了，在这个飞速发展的、不稳定的世界中，如果我们和我们的孩子想要尽可能地把握住机遇，那么创造力就是至关重要的养分。

问题是，我们更擅长评判他人的想法观念，而不擅长培养自己的想法观念，这一部分原因在于，我们的教育系统很少关注培养新的理念想法。如果你想要获得高分，复述和抄写老师所说的比冒险自己原创理念更安全，正如创造力专家罗杰·冯·欧克说的那样："我们的教育体系教的主要就是'猜猜老师在想什么'，很多人都接受过这样的教导——最佳的思想都是别人想出来的。"

不幸的是，这样的教育会让我们确信，有些人生来就比其他人更有创造力，而通常，我们自己是没有创造力的！然而，虽然有些人的确天生就有创造天赋，但我们很多人主动给自己设置阻碍，让我们无法发挥出创造潜能，这也是事实。

有些观念和习惯，如果是从小培养起来的，的确能够令孩子的自信心和创造能力大增。本章主要介绍的是奠定这样的基础，培养这种素质的实用性技能，详情见第 7 章和第 14 章。

　　1. 创造力的最大阻碍——远比缺乏想象力更要命——是害怕出错。鼓励孩子们培养创意——无论创意听上去有多么不靠谱——是真正重要的事情，在某种意义上而言，孩子是否能出众，就是看他们是否有创意。告诉你的孩子，想法和创意也就像跳板一样，即便是最荒谬的创意，以后也可能会让你收获辉煌的成果。孩子们会喜欢上开发创意，因为孩子们很少能有这样的环境，即无论他们说什么，成人都不会说这样很蠢。

　　2. 不要嘲笑孩子，也要让孩子不要害怕被嘲笑。要记住，你是在培养健康的、自信的孩子，他们能够认识到自己和他人创意中不同寻常的那一面；与此同时，他们也能够并且愿意仔细研究哪怕是最出人意料的创意，说不定也能找到新颖的、有用的东西。

　　3. 把握大量的机会进行原创。问与你做的事情有关的问题是一种不错的开始方式，但怎么做你需要仔细考量。如果你跟孩子在外散步时突然问孩子："树为什么有树皮？"他们就会觉得这像是在学校参加考试。只要说"看看这树上的树皮，真是不可思议，不是吗？真的不知道，树为什么有树皮这个问题，有多少种回答"。将这种提问的活动，变成你和孩子都能参与的有趣游戏，你们可以相互比赛，看看谁最先想出合理的解释。

　　有时候，假装你想不出什么来。在说出你的下一个想法之前，你先说类似"好的，现在，我可不想变疯，给我时间，让我好好想想"这样的话，这会让你的孩子明白，最好的想法有时候是需要投入时间和精力才能得到的。

活动和游戏

创造力理念名言

这世上有很多很棒的关于创造力的重要理念，孩子们很快就能用心记住，这里举出 4 条：

如果人们从不做傻事，那也不会有奇迹发生。

——英国哲学家维特根斯坦

获得一个好办法的最好方式就是获知许多办法。

——诺贝尔奖得主、美国化学家莱纳斯·鲍林

主意就像兔子，你得到了两只，然后学着驯服它们，很快，你就能得到一打。

——美国作家约翰·斯坦贝克

创作失败比模仿成功要好。

——美国作家赫尔曼·麦尔维尔

跟你的孩子一起制作海报展出，将他们最喜欢的至理名言写上去。

多种用途

干酪磨碎机为什么就只用来磨碎干酪呢？它还可以成为摩天大厦的模型，还可以成为一种新型的鸟类喂食器或者一种乐器。随机取一种物品，例如螺旋形开瓶器、纸夹、棉线轴或挂衣钩（或者用作家马尔科姆·格拉德威尔在2008年提出的，他喜欢的智商测试中用到的东西——砖头或毯子），跟你的孩子一起思考，这些东西还能够有多少种其他的用途。

想一想这些东西的特征——形状、制作材料等等——因为这能激发孩子自己独立思考。除了最明显的几种，鼓励孩子们多想一想别的用途：这个东西怎么能用在医院、超市或海底？老人、十几岁的青少年、空乘人员能用它来做什么？只要一点点帮助，孩子们能想出来的主意之多连他们自己都会诧异。

这个活动还有更有意思、更实用的升级版，就是给你的孩子一种常见的物品，如一个盒子、一张厨房用的锡纸或一份报纸，看看他们能用这些东西制作出多少不同的东西来。

垃圾！

这个游戏是上述活动的升级版，最好是两个人一起玩。一个人说："在垃圾桶里，我发现了……"后面说明发现的可以被丢弃的物品，如腐坏的腌鱼或坏掉的烤面包炉。

另一个人应尽快做出这样的回应："可以被用来/被当作……"，以描述该物品回收之后的新用途。例如，烤面包炉可以侧着放，这样就变成了一个存储纸质书的容器；腐坏的腌鱼可以放在花园里的金属牌那里防窃贼……

然后，双方角色互换，重新玩游戏。这个游戏很有趣，而且能开发出很多有创意的想法，如果速度够快的话，那是最好的了。

……的 20 种方法

只要有空闲时间，就可以玩这个游戏！谁能想到 20 种让一棵树开心的办法？谁能想到 20 种挡住惹麻烦的人的办法？谁能想到 20 种教黑猩猩踢足球的办法？越愚蠢，越搞笑，越好！

别人的视角

有时候，我们从他人的视角冷静看问题，能想到新颖的、更有创意的办法，这个游戏就是按这种思路来玩的。告诉你的孩子，你正在思考一个神秘的问题，让他们选一个人，可以是他们的朋友、老师、著名球星、歌星或是书中、影片中的角色——都随他们的意，然后提出问题，例如：

◆ 如果 X 统治了全世界，他 / 她会做什么？

◆ 如果你的学校由 X 掌权，那你的学校会变成什么样子？

◆ X 会怎样筹钱做慈善 / 改善我们本地的公园状况 / 重新设计浴室？

连接一断开

这个游戏适合开车出行时玩，因为这时有好几个人一起。游戏规则很简单：轮流说出与前一人说出的词有某种关联的词，例如，第一个词是"蓝色"，接下来可以说"天空"，然后是"云朵"，等等。如果有人说出的词语与上一个人说出的词无关，或是反应太慢，或是说了重复的词，那么，这个人就被淘汰出局了。

重复这个游戏，不过这次是按新的规则来玩，就是说话者说出的词不得与之前的人说出的词有任何逻辑上的关联，这个规则可比想象的要难得多！如果有人发现了两个词之间的联系，那就要说："不对！"但他们必须在下一个人开口之前说。

问题是什么？

玩这个游戏，你就要将问题和答案换位置，你要做的就是想出能得到给出答案的问题，例如：

- ◆ 答案是"金子"，那问题是什么？
- ◆ 答案是"从没有过"，那问题是什么？
- ◆ 答案是"只要你仔细看"，那问题是什么？

你还可以想一些不可能有其他回答的问题，以增加其挑战性。

淘气词

这个游戏适合 3 人以上一起玩，一个人挑选一个词，可能是一种物品、一种行为或一个概念，并将 3 个与之相关的"淘气词"告诉给第二个人，第二个人则将这个词描述给其他人，但不能用自己听到的关键词，例如：

- ◆ 比萨饼（淘气词：奶酪，意大利，圆的）
- ◆ 开心（淘气词：微笑，感觉，大笑）
- ◆ 慢跑（淘气词：跑步，健身，健康）

疯狂联系

什么能把大象和茶壶联系到一起？什么能把野餐聚会跟彩虹联系到一起？孩子们很爱玩这样的游戏，这也是训练水平思考法（发散式思维法）的技巧。往一个包里塞很多词汇，随机抽取两个，我们要做的是，尽可能找到这两个词之间的联系。

这一个游戏的升级版就是使用动词词组，如"洗车""跳蹦床""吹口哨"等。这就要介绍类比的概念了：骑自行车和玩拼图有什么相似之处？如前所述，大家应该不局限于很明显的答案，因为最有创意的想法总是需要时间才能想出来的。最后，你再来问一问孩子们，这两种类比的事物相似性是多还是少。

概念拼接

这个游戏适合在下雨不能出门时玩，因为它引人入胜，且需要耗费更多时间。这其实需要参与者集思广益，能用于鼓励孩子们去用头脑思考一系列的问题。你需要一大张纸、一些彩笔或铅笔，以及一些旧杂志。

帮你的孩子挑选一个主题，比如"想象力"，但用你的孩子现在感兴趣的任何话题也都可以，比如一种特定的爱好、一支喜欢的足球队，或他们在读的一本书。然后，就是要在纸上写下所有关于该话题的内容，贴上相应的图片。

一种记录的方法是，用不同颜色的钢笔或铅笔标记每一种特定的探索话题，以"想象力"为例，你的孩子可以选一种颜色的笔，在这个关键词周围画上几个箭头，箭头的末端标上他们想到"想象力"时想到的五六个词（如"故事""头脑""新世界""白日梦""魔力"等）。然后，他们换一种颜色的笔来记录与这些词有关的词语，在这些词汇周围再画出一些箭头，来记录新的与之有关的词汇，这能帮他们组织思维。

你和你的孩子将会惊讶于这样铺展出来的想法和观念，这些内容可以以文字记录，也可以以图片、照片和从旧杂志上剪出的语汇来表述，最终的结果很吸引人，并且这个过程中的讨论也会让你了解到孩子的想法。

◆ **给深入思考者的话**

这个游戏可以用于介绍一些抽象概念，如情绪和情感（恼怒、爱、勇敢），个性特征（美、好奇、友情），学校科目（历史、美术、科学），以及与时事有关的语汇（环境、战争、和平）。

◆ **学校链接**

概念拼接为我们提供了一种了解学校各学科知识的有趣且有意思的方式——从这样的科学课题到曹操、文天祥这样的历史人物，以及跨学科课题如交通等。这不仅有效，还能鼓励你的孩子深入思考相关的课题，而这也能让他们深入了解他们所学到的以及还不知道的知识。

疯狂的逻辑

玩这个游戏，给出一个看起来违背常理的命题，给孩子设置挑战，让他们去说服别人。这有助于培养孩子的沟通技能和快速进行发散式思考的能力，因为你需要摒弃惯常的"思维模式"，从一个完全不同的角度来看待问题，例如，你怎样劝说他人：

◆ 将所有的商铺都建在地底？

◆ 根据法律，让所有人都穿紫色衣服？

◆ 每家都养一只长颈鹿？

◆ 书籍应被禁止阅览？

◆ 人不能照镜子？

给大一点儿的孩子设置时限，以让这个游戏更富挑战性。

做买卖！

跟上一个游戏一样，这个游戏也需要发散式思维，因为这要求孩子们给一些非同寻常的商品找独特的"卖点"，玩家们轮流给彼此设置看似不可能完成的挑战，如"你能卖掉一瓶新鲜空气吗？""你能卖掉一盒割下来的草吗？""你能卖掉昨天剪下来的脚指甲吗？"。（这个游戏用的道具要真的是好玩的东西！）

他们的任务是要给这些商品想出尽可能有说服力的广告词。年纪小的孩子们很可能只会说他们的商品能用来干什么，不过大一点儿的孩子会喜欢借用他们在电视广告里看到的广告词。想不出好的广告词，他们可以互换角色，给下一个人设置挑战。孩子们喜欢这个游戏（不要麻烦地设置奖励了，就让它保留一点儿趣味性好了），他们表现出来的在这方面的创意令人印象非常深刻。

我就像一个……

只要有一点空闲时间，就可以玩这个游戏，很容易上手，玩家们轮流问彼此如下种类的问题，看看会得到什么样的答案："什么动物／颜色／乐器／服装／食物像你一样？为什么？"

要注意，这个问题跟你喜欢什么动物／颜色／食物这样的问题不一样，有时候，我们需要给孩子们区分一下这两个问题。

创意挑战

不要低估了跟孩子在一起制作东西的价值，你们可以一起给孩子的某种玩具创造一个家，为家里的宠物制作一个玩具。如果可以，藏一大箱小玩意儿，如旧盒子、织物、卷筒芯、棉线轴、旧毛线、旧电器上无法重新组装的小零件，一切你说了算，这可能会创造出新的东西来。

第 7 章

怎样激发创新性和创造力

设计师、工程师看到的东西跟其他人看到的都是一样的，只不过，他们还能发现别的东西，他们会思考这些东西会变成什么样，并创造出他们想要看到的那样。

——工程师、发明家 詹姆斯·狄森

（1947—）

你可能认为，你的孩子现在才 8 岁，教你的孩子怎样成为发明家绝对不是现在最应该考虑的事，但本章里，我会告诉你，现在为什么是教你的孩子怎样成为发明家的好时机。我曾主持了无数的课程和竞赛，让孩子们思考，下一个他们必须拥有的小玩意儿可能是什么，我发现，这很简单，孩子们比我们更擅长思考这个问题。

让他们自己发现这一点会让他们倍受鼓励：新的发明不是由神秘的实验室里穿着白大褂的专家创造的，而只是一些像他们一样寻常的人（或合作团队）鼓捣出来的，这是多么令人兴奋的消息啊。或许他们还没决定是否成为下一个爱迪生或贝尔，不过你要知道，新产品和新的应用几乎是任何组织机构发展成长的重要武器，它们非常有用，而且也非常受人欢迎。

培养企业家精神和"我能够成就非凡"的心态，能够真正激发孩子的自信心和对自我的认知和信仰，这样做就是在教育孩子，这世界不是你只要适应就可以了的，所有的问题都是有延展性的，产出的产品是可以改变的，他们要培养必备的技能和创新精神，来改善人们的生活。

教授和政治理论家约翰·沙尔说过："未来，不只是我们要达到的目的地，也是我们要创造的事物。"

培训与就业组织 A4e 创始人艾玛·哈里森在《星期日泰晤士报》介绍企业家的书《我的大创意》中表示："最好的想法是最简单的，只有用过不完美的产品或服务，并认为它还能变得更好的人才能想出来。你不会只独自坐在房间里就想出了什么主意来，你必须外出旅行，与他人交谈，读书，观察，倾听，体验，这时你才会发现你不喜欢的东西，并决定做出改善。"（布里奇，2006）

以下建议是根据之前的活动提出的，可以培养想象力、观察力，以及对自己想出好点子的信心。这些建议都非常实用，而且也很有趣，你的孩子将会喜欢上它们，而且，让你想不到的是，他们可能也会想出什么好点子……

 小提示

1. 鼓励你的孩子留意日常用品的设计。他们认为，茶壶 / 冰箱 / 收音机为什么会是现在看到的这种形状？这样设计有什么好处？为什么很多房子看起来都差不多？有什么理由吗？

2. 与此相关的是，教你的孩子去质疑现状。毕竟，我们多年来一直坚持的行事风格并不总是最合适的行事方式。问一问孩子们，"我们怎样才能做得与众不同？""你们能想出更好的设计那种东西的办法吗？"以简单的方式付诸实践，例如，每次开车接孩子放学回家时，你可以跟孩子去找不同的回家路线——也许是风景最美的路线、最快到家的路线，或用汽油最少的路线等。

3. 告诉你的孩子，虽然市场调查是好事，而且仔细考虑他人的意见也是有价值的，但如果别人没有马上就认可并相信他们的想法，他们也不应摒弃自己的想法观念。给他们讲讲，某些最成功的产品刚刚上市时遭到大众质疑的故事。华纳兄弟电影公司总裁亨利·华纳，在1927年时曾被人问过这样的问题："谁会想听演员说话啊？"数字装备公司（后被美国电脑制造商康柏电脑公司收购）创始者肯·奥尔森，1977年时曾称："任何人都没有理由想要在家里放一台电脑。"

4. 告诉你的孩子，好主意有时候是突如其来的。有时候，思考错综复杂的问题很久，很烦，很想去看看别的事物和问题时，突然间，你喊道"我想到了"。盖伊·克莱克斯顿的书《兔子的头脑，乌龟的心：为什么你。想得越少就越有主意》（1997）对这种情况有详细的介绍。

活动和游戏

逛商店！

逛百货商店是一种刺激创意性思维的不错方式，设置某种类型的挑战，更好的办法是，让你的孩子想一个你们都认为有趣的挑战项目，例如：

◆ 你能找到的 5 种最奇怪 / 有用 / 荒谬的商品是什么？

◆ 如果你是这家店铺里某款商品的创造者，你最骄傲的地方是什么？为什么？

◆ 你能找到 3 种你从未想过已经创造出来的商品吗？如果满意度评分满分是 10 分，你会给它们打几分？

让你的孩子带一部手机或数码摄像机来记录他们的探索发现，这样，回家的时候，他们就能够缩减他们的清单内容，给你看他们的选择。

改良

选择一种日常用品，我们完全认为理所当然应该有的东西，如挂衣钩、电视、橡皮筋等，首先考虑它的特征——它是由什么制作的？它摸起来手感如何？它是什么颜色、什么形状的？有什么功能？然后再想一想它的缺点——它有哪里不好？

我跟某个班的学生一起玩这个游戏时（我们使用的物品足够小），我们围成一圈站好，相互传递该物品，轮流指出它不能起的作用，他们说出来怎样任性愚蠢的话都可以："橡皮筋的问题是……它很难闻""……如果你扎马尾辫的话，它就会扯到你的头发"或者"……它无法绑住大象"（当然你可以质疑"为什么要用橡皮筋绑住大象"，然后，你们又可以开始一次创意思考大赛）。

这激发了孩子们进行下一步的思考——孩子们会提出改进设计的建议，例如，他们可能会建议用柔软的、光滑的材料包裹住橡皮筋，或者创造一种有各种水果芬芳的带子。

要告诉他们，新的发明创造就是这样诞生的，就是由不接受现状的人创造的，你可以想各种各样的相关案例，如床罩、瑞士军刀、涂抹油脂、能上网的智能手机、移动垃圾桶盖、带有电视屏幕的眼镜等等，鼓励你的孩子们去探索这些东西。

理想情况下，就跟本书介绍的许多游戏一样，将这个活动与日常生活结合起来是非常有效的。例如，如果你在给孩子梳头发，你们可以聊一聊梳子——它必须是现在我们看到的样子吗？"新一代"的梳子应该是什么样的？

另一种选择是在下雨的午后，给你的孩子设置特定的挑战，如创造一种新口味的薯条，或是设计一款新的可视游戏。让他们画一幅关于这种新游戏的画，为这种新游戏设置一个商标，如果他们真的投入进来，他们也可能会为他们的产品设计广告创意，这个活动与下文的"广告创意"有关，因为你可以告诉孩子们，如果他们想要想出有说服力的广告语，他们必须掌握诀窍。

奇怪的发明创造

深入研究已经形成的理念真的很有意思，鼓励你的孩子做创意侦探，用互联网去探索最新的奇妙理念，如果你挑选特定的商品，如烤面包炉或手机的话，效果最佳。只要在（搜索引擎的）图片功能区输入"不同寻常的烤面包机"，你就能发现各种奇怪的理念和想法，如可透视的烤面包炉，以及能煎鸡蛋、播放华尔兹音乐、将你选定的画刻在面包上的面包炉，等等。

你的孩子可能会想要设计相关海报或制作剪贴簿，将这当成一种持续的项目，在不同的页面上记录不同的产品。要注意，这个活动可能需要成人监督，除非你设置了过滤器，允许孩子自己安全浏览网站。

一个主意诱导出另一个……

另一种鼓励创造的办法是取一种已知的物品，思考其设计会怎样诱导出关于另一种全新产品的理念，考虑物品的特性，然后问问孩子，是否能做一点儿改变，或者这个物品是否还有别的用途。

它的尺寸或形状可以改变吗？我们可以用别的材料来制作它吗？它还能有其他特殊的用途吗？

我的课堂上出现了很多关于发明创造的好主意，其中两个能说明上述过程是如何进行的：

◆ 护唇膏：奥利维亚·曼尼罗伊，发明护唇膏时还只有 10 岁，而且是从胶棒上获得的灵感，当时她发明出来的棒体不是胶，而是一根冻住的油脂棒（她决定将它打包出售）。这种油脂棒可以卷起来涂在烤面包上，而且不用刀，不浪费材料，也不用清洗。

◆ 清漆：库社里·哈莱和珍娜·诺罗尼亚，11 岁时一起合作将普通的墨水笔变成便于放进铅笔盒或化妆包里携带的东西，他们打算将笔中灌满洗甲油而不是墨水，并在笔的一头安装一个可拆卸的笔尖，另一头则安装一小块可拆卸的湿巾（这两者都可以单独打包出售），这比以前的一大瓶液体和无数的棉绒球更实用！

孩子们喜欢创造，只需要一点点引导，他们就会熟练创造的技巧，不会有那些通常会阻碍我们探索发现的局限性和短浅性。你可能会考虑给孩子们举办一场模拟电视秀，让孩子与他们的朋友假装上电视，将他们的理念和想法展现给成人看。

创造新游戏
这个有趣的游戏适合在阳光明媚的下午去花园或公园里玩。

不过，只要你收藏了一些有趣的物件，在家里玩也是一样的！给你的孩子准备一系列物品，5到6件就足够，例如，一根跳绳、一个塑料瓶、一块肥皂、一个旧的空相框和一个高尔夫球，孩子们的任务是，要用上所有这些东西，创造一个新的游戏。

制定新游戏的规则既是一种创意性活动，也是训练连续性的、逻辑性的思维的机会（但你的孩子可能认识不到这一点），如果孩子们在分组进行活动，那这个游戏会更有趣，因为要让这个活动起效的确需要合作。这也是巩固创造力培养秘诀——好主意是合作得出的，而不是相互争斗得出的—— 一次不错的机会（见第15章）。

当然，这个游戏需要起名，也可以有各种各样的衍生版，如举行一次小比赛，为这些物品的使用制定一系列规则，甚至为它创造一份电视广告。

展望未来

展望未来是培养孩子创造精神的绝佳机会。50年或100年后，我们的家会变成什么样？会有完全不一样的房间吗？会是用完全不同的材料构建的吗？环境问题会怎样影响到未来的设计？

相似地，你的孩子可能会考虑未来的家具是什么样，未来的交通运输工具是什么样，未来的娱乐和沟通工具又是什么样，等等。他们也可能会创作出一套关于未来设计的书籍。

想象一下……

有时候，新的理念和发明创造是靠假设而诞生的——既有看似合理的假设，也有看似荒谬的假设。

例如，想象一下，你要为动物们设计一种实用的装置，以拯救最大的宠物连锁店，因为它快破产了，那你会设计什么装置？想象一下，你要创造一种东西，使盲人生活更便捷，或者是能够帮助老师创造合适的课堂氛围的东西，那会是什么呢？想象一下，人们若想要长生不死，那需要什么样的发明创造？

这些问题你和你的孩子们一起讨论，一定会很有趣，准备一大张纸，铺在桌子上，开始创意之旅吧。

改善状况

这样的创造精神既可用于改良物品，也能用于改善生活状况，例如，让你的孩子考虑一下，他们能做些什么来美化当地的公园或市镇中心，或者让超市变得更人性化，他们甚至还会想要写信给当地政府介绍自己的想法。你要做的就是鼓励他们，告诉他们，他们的想法很重要，虽然他们的意见并没有马上付诸实施，但他们也在锻炼自己。

第8章

怎样发现坚持的神奇

我并没有多聪明，之所以能够成功，只是因为我坚持得更久一些。

——理论物理学家 阿尔伯特·爱因斯坦
（1879—1955）

招聘顾问和作家罗伯特·哈尔夫说："坚持能让不可能变为可能，使可能变为可行，可行变为确定。"换言之，它是有神奇魔力的。

事实上，在本书探究的所有特性中，绝大多数人认为坚持是自己成功的最重要秘诀。拥有内心的渴望、奋斗的精神和想要达成愿望的决心——这是让一些成功人士与他人不同的秘密养料。

更深入地思考，这其实包括3种品质：首先，是专注力，避免分神，专注地研究透自己钻研的事物；其次，就是在艰难之时愿意去奋斗，不断地去尝试，如果必要的话，在解决问题的方案和最终的结果还不明显时，努力想各种办法去尝试；最后，就是努力成为最优秀的自己，不愿将就或是成为"差不多先生"。

问题在于——这也是许多家长和老师会遭遇到的——有些孩子似乎天生就是不屈不挠的，但有些孩子不是。

可能我们每个人的坚持能力是有一定的遗传因素影响的吧。然而，这种能力的强弱还与两个重要问题相关：

◆ 我们坚持有明确的理由吗？
◆ 我们学会了怎样让坚持不懈更令人舒适，或至少更不痛苦吗？

对我们的孩子而言也是如此，有些孩子是除非明确地知道了为什么要坚持以及怎样坚持下去，否则不可能学会坚持。这绝不是最简单易行的方法，尤其是在这个正常运转的世界中，电视上总会出现各种各样的好东西。几乎所有孩子都有超乎我们想象的坚持能力——这一点可以从他们总是被最新的电脑游戏所吸引看出来。很多孩子都喜欢花费很多时间去挑战难以捉摸的"下一关"，不停地告诉自己下一次会成功的，但却一次次地收获失败，如果我们控制这个……

嗯，好吧，也许从某种程度上而言，我们可以控制，本章会给你们一些建议。

 小提示

1. 告诉你的孩子，坚持不是任何人都能做到的。跟他们说说你对这事的想法，比如说，你告诉他们："哦，我觉得这真的很难，但我还会继续坚持的，因为我知道，这会让爷爷开心 / 能成为我们下一次旅行的资金 / 从长远角度而言是有益的"

2. 在孩子们小时候就告诉他们，坚持就是力量（克拉克斯顿，2002）。帮你的孩子进行任何新的探索，一开始总是会令人受伤的，这是很自然的事情，而且几乎所有人都是如此。重要的是，人怎样应对伤害。他们是会沮丧放弃，还是会深呼吸一下，然后继续，直到他们的力量更强，更容易前行为止？

3. 教你的孩子认识并控制那些让我们认为自己还不够好，我们不能达成自己想要的梦想的消极思想。我们每个人偶尔都会听到内心中的消极想法——你的孩子也可以自己给它命名，将它当成一个真实的人物，这个人物的艰难任务就是努力让他们放弃！我们要让孩子们相信自己，这真的很重要。积极的态度——不是盲目的乐观，而是相信坚持的力量——会让一切都变得不同。

4. 为你的孩子付出的努力或坚持而赞扬他们，而不为他们的智力或能力而赞扬他们。研究表明，这能有效改善你的孩子对待学习的态度。你会认为，告诉孩子他们很聪明或很擅长音乐或科学，会让他们建立起自尊和自信，但事实上，这样做的效果通常是适得其反的。斯坦福大学的知名心理学家卡罗尔·德威克教授发现，得到后面这种赞扬的孩子更可能在未来避免挑战（担心失败或失去他人的赞赏），遇到困难时更容易放弃（自认为很容易克服困难，所以如果无法克服那就很糟糕）。从另一方面而言，因为努力克服困难而获得赞扬的孩子，以后遇到困难时更可能去继续努力。

5. 你的孩子开始了一项活动，但却想要半途而废时，你要坚定他/她的信念。这很自然——开始做很多事情比结束一件事情要简单得多。你的任务是帮你的孩子认识到，见证自己的梦想成功实现所产生的自豪感和满足感，通常让坚持变得值得。（当然也可能出现这样的例外——放弃糟糕的梦想也可能产生这样的效果，然而这与因目光短浅而放弃努力是不同的。）

活动和游戏

坚持海报

我们要回答的第一个问题就是：为什么而坚持？幸运的是，我们有很多宣扬坚持的重要性的箴言，从这些箴言中，我们能够明白其重要性。

为什么不选三四条你最喜欢的箴言，将它们制作成海报贴在家里呢？更好的是，你可以告诉你的孩子，你发现了这些箴言，你也很喜欢，你问问他们是否能帮你挑选一些，并用电脑为你制作成海报。每天都能看到这些内容，那么，关于坚持的信念就会进入他们的潜意识之中，成为他们的思维模式——尤其是，如果你从小就这样培养他们的话。

跟本书介绍的所有其他内容一样，如果你将这些内容当成是你自己探索发现的，是你认为对你非常重要的，那么这些内容对你的孩子的影响就会更为深远。如果他们不认为你是在教育他们的话，他们会更愿意跟你一起去探索。

15 条关于坚持的名言和谚语

天才就是百分之一的灵感加百分之九十九的汗水。
——托马斯·爱迪生

奥运会冠军不是赛前几周的强化训练就能训练出来的。
——赛斯·高汀

天赋比食盐便宜，天才与成功人士的差别就是很多很多的努力。
——史蒂芬·金

凭着坚持不懈，蜗牛登上了挪亚方舟。
——英国布道家司布真

我讨厌受训的每一分钟，但我也说过："不要放弃，现在受苦，余生就会像勇士一样度过。"
——拳王阿里

如果人们知道了我为我的事业付出了多少努力，那它就一点儿也不美妙了。
——米开朗琪罗

世界上大多数重要的事情，都是由那些在似乎没有任何希望的时候坚持不懈努力的人完成的。
——戴尔·卡内基

一棵竹子在最初的 19 年里只长 6 厘米，但第 20 年会长高 20 米。所以种竹子最好的时机是 20 年前，其次是现在。
——古代谚语

水滴石穿，绳锯木断。
——古代谚语

年龄使身体起皱，放弃使灵魂起皱。
——道格拉斯·麦克阿瑟

小人物只要不断出手把握机会，就能变成大人物。
——克里斯托弗·莫里

不积跬步，无以至千里。
——荀子

毅力就是你厌倦了已经完成的艰苦工作之后做的努力。
——纽特·金里奇

努力到让自己痛苦但仍然坚持不懈的人，是赢到最后的人。
——罗杰·班尼斯特

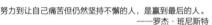

当我觉得坚持不下去的时候，我就逼着自己坚持，我的成功秘诀是坚持，而非运气。
——雅诗·兰黛

坚持的空间

许多孩子发现，他们很难坚持做完家庭作业，他们通常都是迅速地完成，只要"合格"就好了。因此，这也是培养良好的坚持习惯的绝佳机会。

这一点自然是显而易见，很容易明白的，但你要帮孩子们确定，他们有合适的地方可以发挥作用，这就能让他们学会专心致志了，这个地方可能是一把舒适的椅子和一张高度合适的书桌，可能没有电视、广播和兄弟姐妹的陪伴，但也可能是一个游戏用的小袋子、厨房里的一把高脚凳。孩子，就跟成人一样，也是各不相同的，我们也没有快速而有效的方式明确，他们会在什么时候、什么地方，怎样开始努力。你可以将此当作对你的孩子展开的调查——他/她在一两周的时间里能钻研多少领域，每一次都记录一下，这样的方式是有助于他们培养自己的坚持能力还是毁掉他们的坚持能力。

如果你的孩子爱好科学，那这就能成为"公平竞争"的机会，绝大部分人通过学习都能知道这个词的含义，例如，他们可以决定调查背景噪声的影响，比如，他们周一做作业的时候放广播，周二一边听流行音乐一边做作业，周三一边听古典音乐一边做，周四一边看电视一边做，等等。每一次尝试之后，你的孩子可以记录一下自己做作业的情况，也可以记录在调查日志里，以5分为满分，评判自己的专注度和做作业的效率。

下一周则调查做作业的最佳时间，你的孩子可以试着回到家就立刻完成作业，或是短暂休息一会儿，吃点儿零食再完成，或是看过电视，或是吃过晚饭再完成，如前所述，目的是要找出最适合他们的时间，这样做的话，他们就是在学会创造最好的条件，以便让自己坚持下去。

三维图片影像

在书籍和互联网站上，我们可以找到很多证实坚持的作用的图片，要找到这样的图片，只要在搜索引擎的图片区输入"三维图片"即可。

初看上去，这些图片就是随机生成的，色彩和构图都没有什么规律，再看一眼，也是一样！事实上，大部分人都耗费了多年的时光去探索这些图片的奥秘。窍门就是，将图片移到鼻子前，这样看起来完全模糊了，然后渐渐地从面前移开。让你的目光稍稍离开一下图片，最终做到的时候（最后总会做到的），你就会看到一张三维影像图"神奇地"跳出了原图，出现在你眼前。

集中注意力！

这是一个不错的游戏——如果你可以忍受的话——让孩子在坐车进行长途旅行时玩，因为，这通常会激发出他们相互竞争的本能！

游戏时，一个人给另一个人设置挑战，可以是唱一首熟悉的儿歌童谣或流行歌曲，或者就某一话题做一次一分钟演说，与此同时，第一个人将竭尽所能（不能触碰对方，说话声音也不能提太高）去干扰他们，可以唱歌、做鬼脸或者重复发声或做动作等，如果第二个人毫不停顿地完成了挑战，则得一分。

往好的一面想……

重要的是，我们要教孩子，坚持不能代替思考，坚持不是不计结果地盲目执着，正如爱因斯坦曾说的那样："疯狂的定义就是，重复不断地做同一件事，却期望不一样的结果。"真正的坚持需要创新——要愿意接受新的理念和想法，直到你找到了最佳的一种为止。

这个游戏需要 3 个人玩，第一个人说一句话，描述一件看起来很糟糕的事（可以是一件很寻常或很愚蠢的小事——这两种都可以），例如：

- ◆ 噢，不好！我忘了最好的朋友的生日了……
- ◆ 噢，不好！我的铅笔坏了……
- ◆ 啊，不好！我从悬崖上掉下去了……

其他两人轮流回复，往好的一面想有什么优势，例如，上述的第三条，我们可以说，"是的，不过从好的方面说，你能知道你的超级强力发胶有没有效果"或者"是的，不过从好的方面说，你会是第一个抵达海滩的"，第一个玩家给他们计时，给他们 20 秒的时间思考。

这既锻炼了人的创意思维，也考验了人的坚持能力，因为玩家可以不断地去思考各种可能，直到有人未能在 20 秒内想出什么来为止。偶尔听一听孩子们玩这个游戏是值得的，因为你会惊讶于孩子的创意。你可以指出，他们的某些最佳创意是后来出现的，因为他们考虑的是不放弃。

坚持力挑战

市面上有很多有助培养耐性和坚持力的好玩的游戏，无论是错综复杂的滚弹珠还是让企鹅在摇摆不定的冰面上保持平衡，你都有多种多样的选择。

你为什么不自创锻炼坚持力的挑战游戏呢？我曾经访问过的一所学校里，孩子们很喜欢玩仅用一根筷子将果冻从装满油的碗里捞出来的游戏！想方设法让这个玩的过程变得有趣，以减少孩子在无法立即做成事情时感受到的惊慌感。在面对更紧急的状况时，你也可以回忆一下玩这些游戏的场景，用以放松心情。

坚持会有回报

虽然奖励一般不能过度，但如果你的孩子特别难以集中注意力，你可以给他规定时间：如果他 10 分钟内能集中注意力做一件事，就给他一个小奖励；一旦适应了，就增加挑战难度，将集中注意力的时间延长至 15 分钟，然后再延长至 20 分钟（根据他们的年龄以及游戏目的的特性来决定）。我们的目标是让他们养成坚持的习惯，同时锻炼他们的毅力。

你还可以利用孩子的零花钱来锻炼他们的坚持能力。比如说，你想要让他们始终保持房间整洁，或是坚持练习一种乐器，你可以用"谁想当百万富翁"的策略：如果他们周一完成了既定目标，那就能得 5 元，周二可得 10 元，周三可得 15 元，等等（显然，钱的数目由你决定）。如果他们坚持不了一天（除非有非常合理的理由），那钱数清零！

无论你用什么方法，关键是确立清晰的目标，确保让你的孩子明白什么时候要做什么事——当然最重要的是，依据你所说的内容行事。

坚持的动力

孩子们如果能长时间玩电脑游戏就会很开心，这一事实告诉了我们，我们想让孩子坚持做的，通常都不是他们自愿选的，他们的这种犹豫是完全可以理解的——因为没有人会愿意为了自己不重视，或是对自己无利的事物花费时间，也就是说，面对这种情况，我们有两种选择：

◆ 让他们了解坚持更久（以及不坚持那么久）会有什么作用。孩子们需要帮助才能看得更长远，才能认识到坚持做某事的真正理由，而且越严格越好。对大部分孩子来说，坚持能让"未来会变得更好"这个理由的说服力可不够，试着找出你的孩子会重视的一个目标吧（关于这一点，详情请见第 16 章）。

然而，有时候，长期的益处距当下太过遥远，无法让孩子马上感知，长久的坚持（在孩子的世界里，甚至只是坚持整整一个小时）也没有什么吸引力，尤其是复习功课这件事。即便是孩子内心里想要成功，也很难在明明可以出去购物或跟朋友玩乐的时候去潜心复习功课。

在这种情况下，要让你的孩子明白，坚持不是"只有痛苦没有收获"的，让你的孩子做好规划，将他们获得的短期利益当作坚持的动力。让他们列出合适的奖励项目，如看某电视节目，吃一块巧克力，给朋友打电话，读一章书或者踢 10 分钟足球等。这些就能让他们的努力过程变成控制情绪的过程，总有有意思的奖励在前面等着去获得。让孩子自己控制掌管这个过程，他们就是在训练一种对他们一生有益的技能。

◆ 帮他们找到他们真正感兴趣的东西。正如第 5 章所述，让你的孩子找到自己真正感兴趣的东西是值得的，无论是收集漫画书还是喂养蜘蛛，重点是，有兴趣爱好就能让人见识到坚持的作用。

此外，你还能利用这样的机会，在其他时间里鼓励他们："记得你……夜以继日地探究，一直探究了两周，真是太勤奋了！"是的，虽然将这个跟前一晚的地理作业联系起来并不太好，不过，也应该能帮他们理解坚持和成功之间的联系。

毅力阶梯

如果你的孩子年龄还小，在这方面还需要指导，那就制作一个"毅力阶梯"墙报吧。

画一幅阶梯的图片，画得尽可能地大，并将它贴在孩子卧室的墙上。也许一开始可以每天晚上都坐在这幅画旁，也或者可以一周一次，看看你们是否能想到你们各自曾努力做过的事情（包括还没有做成的事情）。

每举出一件事（你们可以轮流举例），你们都可以考虑一下，自己曾经为这件事付出过多少努力，曾多么有毅力。你会将这样的努力放在阶梯图的哪个位置？阶梯底部如果是"一点点努力"，那么顶部就是"超级努力"！你可以将这件事写在阶梯相应的位置上，或是写在便利贴上，并贴在合适的位置上。

你跟孩子们分享自己的经历对年幼的孩子来说很有帮助。这会让他们认识到，大家都需要努力，大家都需要学着坚持，没有人会觉得坚持很容易！最后谈论一下努力的积极成果，以及它们让你们觉得自己多么有价值。

锻炼

随着孩子渐渐长大，一种最简单且最有效的谈论毅力的方式就是用锻炼做类比。

当我们去健身房健身时，我们知道我们不能直接就去运动，除非经过了长期的锻炼，否则我们无法举起哑铃，也无法一次做

100 个仰卧起坐。只有经过长期的锻炼，不断锻炼自己的肌肉，这样看似不可能做到的事我们才能轻易完成。

如果将健身与其他需要坚持和毅力才能做到的事情做类比，我们的孩子就能够理解了。当然，不经过"锻炼"，不花费时间去巩固自己的技能，就无法学习分数，无法记住元素周期表中的元素，无法在钢琴上弹奏高难度的音阶，无法获得参加羽毛球队的资格……当然还不行！这很正常。

以健身做类比，我们就能接受在这个努力的过程中是会受伤的，无论是生理上还是心理上的伤。重申一次，这很正常，所以虽然令人不快，但也不需要担心。在其他状况下，用这样的方式就能减少孩子们遭遇艰难险阻时产生的担心感，这一点很重要，因为一旦开始担心焦虑，孩子们就很容易想要放弃。

坚持不懈的范例

有很多名人——如体育明星、知名演员、科学家、歌手、政治家等，都可以给孩子当典范。

调查一下这些名人，时不时地说一说他们的故事，这样是值得的，不是要你给孩子做演说，而是让你告诉孩子你刚刚发现的令自己感到惊讶的内容，而你也不必在结束的时候说"所以，你也要坚持完成你的作业"，这一点，孩子们会渐渐地认识到的。

你可以从如下名人开始：

科学家：美国发明家托马斯·爱迪生（1847—1931）

小的时候，爱迪生曾因被老师称"愚蠢""不可教"而被勒令退学（泽尔兹诺克，2008）。他曾从事过各种工作却被解雇，但他从未放弃过自己真正的喜好——发明创造。一生中，他获得了1093种新发明创造的专利权——很多都没有成功面市，但也有一些是突破性的产品——如电灯、留声机、碱性电池、电影摄影机、碳精送话器，也就是让贝尔产生灵感发明电话的东西。

有传言称，当被问及发明蓄电池时经历过的重大失败时——在有所发现之前约失败了5万次——托马斯·爱迪生回应道："结果？哎，我得到了很多结果，我知道了5万种不起效的方法！"

医学超人：演员克里斯托弗·里夫（1952—2004）

1995年因骑马时发生意外瘫痪之后，克里斯托弗·里夫被告知，他到死都会是四肢瘫痪（《纽约客》，2003），但他不是轻言放弃的人，他决定再次行走，并开始投资研究一种特殊设备，这种设备能帮助瘫痪的动物通过运动使四肢恢复活动能力。许多人对此持怀疑态度，不过，2003年，里夫因"开拓性地倡导关于因病患致残者的研究"而获奖。在他的得奖发言中，里夫称，这个奖项让他"在未来即便要面对艰难险阻也觉得倍受鼓舞"。

音乐家：莫扎特（1756—1791）

从3岁开始，莫扎特就开始弹琴了，4岁时学习摇滚课程，6岁时自己作曲，早期作品都是跟他人合作完成的，他的第一部原创协奏曲是 21 岁时完成的，虽然这个年纪看起来相当年轻，但他那时创作协奏曲已经十年了，而且也练习了很久。

《特立独行：成功之道》（2008）的作者马尔科姆·格拉德威尔在该书中引用了神经科学家丹尼尔·列维京的话——"无论做哪一行，1 万小时的练习都能让人从新手变成世界级的专家"。格拉德维尔还说，"即便是世上最伟大的音乐巨匠莫扎特，也要练习 10 万小时才能发挥出最好的水平。实践不是等你变得优秀了才会去做的事，而是能让你变得优秀的事"。

选秀之父：西蒙·科威尔（1959—）

科威尔 17 岁从技术院校毕业时，获得了 3 个 O 等级学分，当时他就立志进军音乐行业，而且也在百代音乐版权公司（EMI）的邮件收发室做一份最底层的工作。后来，他一路高升到为艺人创作歌曲的制作部门，又组建了自己的公司 E&S 音乐。艰难且不成功的一年之后，他决定减少损失，离开了 E&S，与一位新的伙伴创建了新的品牌范菲尔唱片。之后，他又去了 BMB，即便是做了看起来与大众潮流相违背的决策，也仍然坚持按他自己的直觉行事，签约了新的艺人，做出了傲人的业绩。近些年来，他参加了多场选秀节目，如《流行偶像》《英国偶像》《英国达人秀》等，而且也还参加了新的与音乐相关的工作项目，非常成功（科威尔，2003）。

政治家：亚伯拉罕·林肯（1809—1865）

- ◆ 商场失败（22 岁）
- ◆ 进入立法机关——挫败（23 岁）
- ◆ 商场再次失败（24 岁）
- ◆ 成功进入立法机关（25 岁）
- ◆ 爱人过世（26 岁）
- ◆ 精神崩溃（27 岁）
- ◆ 竞选众议院议长失败（29 岁）
- ◆ 国会参选失败（34 岁）
- ◆ 国会参选成功（37 岁）
- ◆ 再次竞选失败（39 岁）
- ◆ 儿子过世（41 岁）
- ◆ 参议院竞选失败（46 岁）
- ◆ 副总统竞选失败（47 岁）
- ◆ 再次进行参议院竞选——失败（49 岁）
- ◆ 当选美国总统（51 岁）

作家：J.K. 罗琳（1965—）

罗琳 1995 年写出第一版哈利·波特的书，就遭到了 12 家出版商的拒绝（泽尔兹诺克，2008），即便是最后购买了罗琳版权的这家小型出版公司——布卢姆斯伯里，也叫罗琳去"找一份正职"，不要写作了。现在，罗琳是世上第二富有的女性（奥普拉·温弗里是第一），不过最初时，她却过得很艰难。虽然那时她离过婚，母亲也过世，靠政府津贴跟女儿一起住在一栋小公寓楼里，她也没有放弃，反而是利用大部分空闲时间写作。

企业家：哈兰德·桑德斯（肯德基创始人）（1890—1980）

63 岁时，哈兰德·桑德斯多年来建立的餐旅服务业务获得了近 20 万美元的报酬，不过他还不想退休，所以他没有要这笔报酬——但他发现，政府在两年时间里修建了一条新的高速公路，正好绕过了他的店铺，一年内，他失去了一切。

此时，他身无分文，仅靠政府救济度日，却决定劝说某人资助他开一家专做熟鸡肉的餐馆。他开着破旧的车，带着一个高压锅和自己特制的食谱一家家餐馆走访，被拒 300 次之后，才总算找到了愿意相信他的人。

几年后，他开了一家店铺，后来在世界各地遍地开花，他以他的昵称"桑德斯上校"闻名，是肯德基炸鸡背后的传奇。

电影导演：华特·迪士尼（1901—1966）

因为老板认为他缺乏创意而被雇用的报社解雇之后，华特·迪士尼于 1921 年成立了自己的卡通片制作公司——微笑格兰电影公司（泽尔兹诺克，2008）。他努力筹钱营生，但不幸的是，他纽约的经销商歇业了，他不得不关闭了自己的公司，这时候，他穷得身无分文，甚至只能吃狗食。

他用仅剩的一点点钱买火车票去了好莱坞，开始创作卡通人物和电影，不过却遭遇了麻烦。有人告诉他，《米老鼠》会失败，因为这只老鼠会"吓到女人"；《三只小猪》也不被看好，因为还需要有更多角色加入故事之中；《木偶匹诺曹》在制作过程中就停工了。迪士尼不得不重新编写所有的故事大纲。

1944年，迪士尼想将小说《欢乐满人间》制作成动画影片，但小说作者却拒绝出售该书的版权，他花了15年时间说服她，还曾多次去她在英国的家里拜访，最终她才同意将该故事搬上荧屏，成就了一部史上经典巨著。

很棒的鼓励坚持法

状况艰难时，我们的头脑做工忙，忙着建立新的神经联系网络，创建并巩固神经通道。因此，如果你觉得很糟，如果你认为努力的过程令人痛苦，不用担心！这很正常，我们头脑的能力就是这样拓展增强的。

所以，我熟悉的某学校的孩子们都会这一句格言：容易有什么用？容易就是在浪费时间！

每一次你锻炼的时候，即便你自己不知道，但你头脑中的神经联系也就更牢固，就像你总是经过同样的一条林间小径经过树林一样，起初这条小径很难通过，但渐渐地就越来越容易通过了。

"你并不总是需要自信……即便是做你认为你并不擅长的事情，只要全心坚持下去，你就会逐渐精通了。"

——卡罗尔·德威克教授《心态》

第 9 章

怎样在合适的时候选择冒险

每天做一件让你害怕的事。

——政治家和民权活动家　埃莉诺·罗斯福
（1884—1962）（美国前总统罗斯福的夫人）

好在，这一章并不是说要冒着生命危险去从事危险的运动，也不是说要熬夜看电视而不好好做功课。这一章讲的是，如何在即便成功得不到保障的情况下，培养孩子们走出"舒适区"，去尝试新事物的勇气，也就是说，无论是否会遭到其他人的嘲笑，都鼓励孩子们勇敢表达自己新的或与众不同的观念想法。

　　现在，我们的孩子们都是含在嘴里怕化了，捧在手里怕摔了，我们总想要替他们杜绝所有可能的危险——结果，他们就不明白，自己有时候也需要在合适的情况下冒一下险，需要多多考虑一下最糟糕和最佳的结果，认识到自己可能会弄糟/看起来很蠢/觉得害怕，然而还是按既定的目标前行。

　　不久前，我主持了一次关于风险的课程，课程最后，他们每个人都要列出他们愿意去冒的一种风险——他们虽然有点儿不敢去做，但又认为可能会对他们有积极影响的事。他们写下了如果冒这个风险之后可能出现的最佳和最差结果，以及如果不去冒险可能会出现的状况。得到的答案令人惊诧，也有启迪作用。他们的许多梦想都是可以实现的，他们所说的风险也根本不是什么要紧事。这让我想起了近期刚出的一项数据：在我们这个日益城市化的世界中，令人悲伤的是，孩子们出门玩的时间越来越少了，极少数是不在我们成人的陪同之下出门的。他们参与的任何活动，都由我们监管、指引、带路。我们需要找到方法增加孩子生活的风险度——当然是柔和地增加，而且是有合理的限定条件的——这样他们就能够认识恐惧这种感受，并思考相应的应对策略。

　　当你被推到你能做的极限时，你就会学得越来越多，越来越快，此外，你也会知道，失败，或者是他人的消极反应并不是世界末日——这是孩子们要认识到的重要的一点。有些孩子非常害怕失败。在学校里，他们选择不那么有挑战性的任务来让自己获得自己需要的赞扬；在家里，他们避免体验他们可能会喜欢上的，或是能以他们未曾察觉过的方式改善他们的性格和技能的新事物。简而言之，他们限制了自己的潜能。

对风险持有健康的态度，如果结果不如自己所料的那样也能坦然面对，这是成长的关键组成部分。

YO! Sushi 的创始者西蒙·伍德罗夫称："我们要鼓励孩子发愤图强，挑战极限，成为冷静自信的人……帮助孩子体验有限度的风险不仅有助于他们的成长，还对下一代的整体经济和社会状况有利。"（贝内特，2008）

 小提示

　　1.鼓励谨慎冒险。引导孩子进行新的挑战，在合适的时候，鼓励他们不"求稳"。我不是说让他们进行非常危险的挑战——只是说，我们需要找有意思且有意义的，难度正好在我们孩子的正常能力范围之上多一点儿，而且他们也乐意参与的活动。
　　2.支持孩子进行这样的体验活动。鼓励他们，跟他们在一起，让他们知道，你绝对相信他们，但是却一直站在背后，当他们成功克服了恐惧感时，他们就会感觉很棒。如果他们没有成功，那就让他们知道，这根本不算什么。风险的本性就决定了，结果是未可知的——有时会比预期的更好，也有时会比预期的更坏。重要的是，他们已经努力过了，他们现在积累了更多的经验。

3. 给你的孩子提供帮助，让他们自己判断风险程度是否太大。对他们的状况表示同情，例如，你可以说"我知道那听起来很有趣……不过，那样有什么好处？又有什么坏处？"教他们辨别，他们做出的选择是与他们的价值观相符还是相悖，如是否诚实，是否友善，是否负责任，等等。最重要的是，你要确保，你这样做时，承担风险是合理的结果，以及是利大于弊的情况，否则，你只会得到孩子否定的回复。如果你的孩子决定冒险，但你却觉得这样做不明智，那你先要考虑自己的思维方式，而不是马上就否决了孩子。你的决策真的是对的吗，还是你只是太过想要保护孩子了？

4. 为孩子勇敢把握机会，主动出击而奖励孩子。在结果显然不如人意的时候，尤其要这样做。要跟他们指出，主动承担重大风险比胆怯地等着他人去冒险更令人尊崇。

5. 告诉你的孩子，在拿不定主意是否要去冒险的时候，咨询他人意见有多么重要。让他们明白，他们可以向谁求助，提供一些备用人选，如果他们遇到什么事不愿找你，可以建议去找他们。

6. 最重要的是，你自己也要冒险。作为成人，我们已经忘记了体验新事物是多么令人头疼，大部分时候，我们都只待在自己的"舒适区"里。当我们不在"舒适区"——也就是在努力"冲锋"，并且有可能会出错或是犯傻的时候——我们极少告诉我们的孩子们。你的孩子需要看着你尝试新事物，看着你克服你的恐惧，而不担心会不会搞砸。要记住——无论结果是不是成功的，你都能借此教育他们，所以没什么损失。

活动和游戏

风险侦察员

一种你能鼓励孩子更勇敢，使孩子对风险的态度更为适度的简单办法就是，将它变为你们日常对话的一部分。

例如，你跟孩子一起读一本书或看一部电影时，只要抓住机会，你们就会看到各种冒或好或坏的风险的角色，你们总有机会快速讨论一下，冒这个风险值得吗？对此怎么看？然后让他们再寻找现实生活中冒过险的人物故事——无论是同学、老师、家人，还是新闻人物都可以。将这个游戏用来给家人做调查也很有意思，因为这层与家人的联系会让家人们更能清楚冒险的含义。

风险计量器

这个理论是由盖伊·克拉克斯顿教授设想出来的，他是一位顶尖的教育家，曾开启过一个学校教育项目，名为"建立学习能力"，目的是解决本书中提及的这些问题。他提议创建一个"风险计量器"——可以安放在家里，能够测评孩子行为的风险程度，可能看起来就像身高测量表——你和你的孩子可以一起商量该评什么程度（例如，风险度是"一点点冒险"还是"相当冒险"）。

只要出现了你孩子认为合适的风险（你也认为如此），就让他们自己决定将风险控制在什么程度，如果他们走出了冒险的那一步，他们就能写下来或者画下来——用以展现他们的勇敢无畏，能够获得回报的风险和不应被庆祝的风险都要算在内。

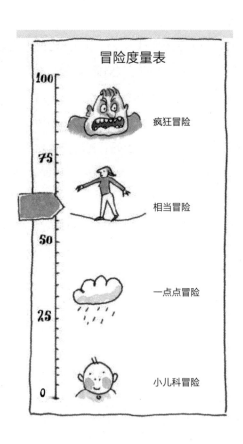

做风险记录

你还可以鼓励你的孩子做风险记录，可以记在日记里，留出一页来概述想要去体验的每一次特殊的风险经历——可以是试演一场剧目，可以是参加某社团选拔，可以是邀请新朋友做客，可以是自愿参与新的冒险，或是表述他们认为说得很有道理的意见等。他们可以说出，理想状态下他们愿意做的事，列出可能出现的最好或最坏结果，甚至为此画相应的图片。如果他们认为值得冒险，那么就可以设定时限，随后再做相应的记录。

想一想这有多棒！你在培养孩子对生活的积极态度——培养他们仔细思考的习惯，让他们有勇气在恰当的时候承担风险。当然，如果你自己也愿意做风险记录，那就更有效果了！

个人格言

在坚持这件事上，我们有各种激励人心的格言，将这些格言摘录制作成海报，挑选一条作为你个人的格言吧。你不知道，你的孩子也会效仿你的这种做法。

你可以选用像如下 3 条这样的格言：

不是因为事情难我们才不敢做，而是因为我们不敢做，事情才难做。

——罗马斯多葛派哲学家塞涅卡

你的勇气决定了生活的状态。

——作家阿娜伊斯·宁

不主动把握，就会完全错过。

——菲尼克斯丛林狼队教练、

已退役的加拿大职业冰球运动员

韦恩·格雷茨基

与朋友一起冒险

鼓励你的孩子不时邀请新朋友来玩——不要只是跟熟悉的、经常一起玩的伙伴相处。这并不总是能成功，但却能帮他们认识社交状况中的风险，并让他们学着承担这样的风险，而且还可能会让他们结交意料之外的朋友。过后再跟他们聊聊这样做的感受，冒这个风险值得吗？

以食物冒险

食物是一个让你的孩子学着在安全范围内冒险的好东西，很多人都说，跟孩子一起烹饪是一种有意义的活动，但将重点放在按菜谱做菜上，那么就丧失了一次绝佳的创造机会。孩子们已经花了太多时间来遵从指令，虽然这是他们需要熟悉的一种技能，但你为什么不偶尔改变一下你的方式呢？

跟他们说说，赫斯顿·布鲁门塔尔可称是史上最伟大的厨师之一，他创办的肥鸭餐厅，2005年在"五十佳"学院被六百多位国际美食评论家、记者和厨师评选为"全球最佳餐厅"。布鲁门塔尔有时也被称作"烹饪术士"，烹饪食物的时候，他就是个冒险家。他突破传统约束，做实验——精准地、科学地——去寻找新的、有创意的、别人想都想不到的口味组合。结果，他创造出了可可冻菜花调味饭、炒蛋和熏肉冰激凌、甘草凝胶水煮鲑鱼、杧果和道格拉斯冷杉果泥，还有他最著名的蜗牛粥！

　　下次跟孩子一起烹饪的时候，鼓励你的孩子做一个美食冒险家，可以按菜谱做菜，但稍稍做一点儿调整——改变配料的用量，或是换一种不同的配料，看看效果如何——如果你真的很勇敢，也可以让他们做自己的"布鲁门塔尔"式菜肴，不过有两条规则：

　　他们做的时候要记录下自己的菜谱——包括用的材料和烹饪步骤（万一他们真的做出了什么美味佳肴，你也可以告诉他们）。

　　他们——还有你也是一样——不仅要试试最终的成品，还要给出合适的评估。

　　这就意味着，你和孩子都要做美食评论家，谈论一下成品的口味有哪些优点，又有哪些不足。当然，这个过程是很有意思的。

　　如果你的孩子对此很有天赋，那为什么不让他们一起努力去创作他们的烹饪食谱呢？既然这对长辈们而言是一份有意思的圣诞节礼物，那不妨一试。

　　这种类型的活动的有益之处在于，如果从小开始训练，可能有助于减少部分孩子（以及他们的父母）的挑食症状。

下一次……

　　事实上，培养本书所介绍的所有特质，我们都可以用到这一策略。通常，你的孩子表现不出我们所描述的特性：遇到艰难险阻时他们不坚持到底，他们做决策之前不会权衡各种选项的利弊，他们不会经过深思熟虑再去决定冒不冒险。这就是生活，而他们还年轻，还在学习。

　　虽然在某些情况下，你需要坚定地遵循任何适当的结果，但在很多情况下，一种好的回应方式就是简单地说"下一次……"，这样，你就将关注焦点从批评孩子转到了更积极的未来，而且你也证明了这些选择是孩 子自己做出的。

　　例如：

　　我很惊讶你这么快就结束了，也许下一次，我们可以看看你是否能再坚持一下。

　　下一次，你想象力再丰富一点我会更开心。

　　也许下一次你会做出不一样的选择。

　　为什么不试试下次多冒一点儿险，尝试一下新的东西？

第10章

怎样从成败中学习经验教训

从不失败的人就是那种从不尝试的人。

——美国演员、小说家　伊尔卡·彻斯
（1900—1978）

生活就是要做各种实验——最有意思也最有意义的实验通常都会不顺、出错！我们要让孩子们明白，虽然成功是好事，但失败也很正常——尤其是对那些有冒险精神、敢于探索、乐于学习、乐于主动把握机会的人而言，更是如此。成为这样的人，比永不敢尝试的人要好得多。

但这对你来说可能很难，因为你说的这些，可能在孩子的眼里与他们的经历体验相违背。通常，在学校里，出错（你答题得了一个叉叉，分数较低）就是正确的对立面，而不是往正确的方向跨出的重要步骤。即便老师们竭尽全力利用错误帮学生们学习，但孩子们还是很容易就认为，一直不出错的人获得的赞赏和崇拜才最多。

我认为，真正取得功成名就的过程就像是爬台阶，上升阶段就是失败时，下降阶段才是成功时。如果我们总是获得成功，那我们永远爬不到高处，我们也不会抵达任何有意义的目的地。最有趣的人是那些总是失败的人，因为他们已经足够勇敢去体验新的事物、新的挑战。那些做事毫不费力就成功的人，他们获得的成就总是低于他们的能力，因为他们并没有竭尽全力。

理想的情况下，我们都希望孩子们能认识到，有些时候，我们都会犯错，但这并不一定就是说，我们在这些方面不行。有时候，这只能说，我们的生活是不可预测的。如果我们真的犯了错，真的要为某些糟糕的事承担责任，那我们最好是汲取经验教训，分析情况，进行反思。哪里出了错？我怎么没有预料到？下一次我该怎么改进？化妆品巨头玫琳凯的创始者玫琳凯·艾施说过："每一次失败都是有迹可循的，你只要找到失败之源即可。遇到障碍，请绕行。"

让高成就者与众不同的，正是上述过程。事情搞砸了，我们是会一直沮丧不前，还是会重整旗鼓再努力呢？我们是会深感受伤而藏起来，还是努力去想出更好的办法呢？我们是会从错误中汲取教训，还是会一次一次地重复犯同样的错？

詹姆斯·乔伊斯曾说过："人犯的错是他开始探索发现的门槛。"近现代的一位顶尖的创造力专家肯·罗宾逊先生也说过："如果你没准备好犯错，那就永远都不会有自己的创意。"

随着孩子的渐渐长大，某些孩子可能会患上失败恐惧症，他们总想要清除所有可能出现的新挑战，我们给他们创造了多么糟糕的心理状态啊！作为家长和教师，我们必须就此做出改善。这样，如今的年轻一辈才会有机会去实现他们的梦想和期待。

 小提示

1. 尽早告诉孩子们，在困难的事情上失败比在容易的事情上成功要好——因为容易取得的成功不会让你有收获。前者让你进步，后者只是巩固了你已有的成就。

2. 放学后跟孩子聊天，不要只问有什么顺利的、好的事情，也要问问他们偶尔失败的事情。这样的话，他们就会将失败当作寻常事——是我们所有人都会体验的。帮你的孩子敞开心扉，告诉他们你自己失败的经历——你犯过什么错？你曾经追求过什么梦想失败过？你决定为此做些什么？你是只需要再努力一把，还是要改变策略，用新的方式去达成愿望？你现在明白了什么你以前不知道的道理？这真的很重要，不然你的孩子还可能继续认为，失败是只有孩子、没有经验的人和不成功的人才会体验到的。

3. 让你的孩子失败。我们通常都是本能地阻止孩子犯错——在他们跌倒之前扶住他们，在状况变乱之时插手干预。当然，这可能正好是最佳的解决办法，但并不总是如此，因为如果不这样做，所犯的错误导致的结果就会更加糟糕（这是当然会的）。你的孩子只能通过犯这样的错误，才能学会面对错误时应该有的积极态度。

4. 失败时，要学会应对。有时候，一句简单的"哦，没事，别介意"或"事情就是这样"就足够——故作轻描淡写地表示，这不算什么重要的事。平常，尤其是遇到了真正对孩子重要的事时——除了表示同情，你还要让孩子们仔细反思导致失败的过程。下一次他们会做出什么不一样的改变？你要像一个侦探一样，找出他们认为能让自己下一次离成功更进一步的秘诀。

5. 教你的孩子去接受有建设性的批评意见。让他们认识到，有这种"受伤感"是很自然的事情，给他们提供一些应对这种状况的实用策略：保持冷静，慢慢地做两三次深呼吸，仔细倾听，看看他们能从失败中汲取怎样的经验教训。如果可以，跟他们说说你自己是怎么解决这样的状况的。

6. 帮你的孩子找到一种应对失望的方法。对某些孩子来说，可能只要说出来就好了，但对有些孩子而言，则需要一种实际的宣泄出口，如运动、爬山、遛狗。

活动和游戏

好的一面，坏的一面

事情出错时，习惯性地做"好的一面，坏的一面"分析，问问自己如下问题：

◆ 这件事情出错糟糕的一面是什么？你可以利用这个机会对孩子表示同情，帮孩子认识到导致这次失败的不同因素——如他们缺乏规划，没有远见，其他人没有帮忙，运气不好，等等。

◆ 那好的一面又是什么？鼓励你的孩子发挥创意思维：这件糟糕的事会有什么好的作用吗？这能让他们下一次想出更好的办法或规划吗？有没有什么意料之外的收获，如一段新的友情，或是得到了机会改善糟糕的局面？

用清楚的理由，跟你的孩子重申你的看法，例如，你可以说："你很有创意，我知道你会想到办法改善状况的"，或者是"你从不轻易放弃——如果你坚持下去，情况肯定会改善的"。

电脑游戏

电脑游戏是一种展现对成败最佳态度的完美典范。孩子们似乎自然就明白，不真正坚持下去就无法晋级到下一关，而被炸死或是重来一次并不会让他心烦。当然，沮丧还是会有一点儿的，但他们就是知道，他们每一次都比之前进步了。

下次看到孩子下定决心要冲刺最新的游戏时，为他们这种积极的态度表扬他们。要告诉他们，某些人在生命中取得成功正是因为这一点——让他们知道，他们已经展现出了这一点，你深感欣慰。在合适的时候（不是他们沉迷于游戏无法自拔的时候），你可以跟他们谈谈，是否能想到能用得上这种坚持不懈的态度的其他生活场景。

体育比赛

体育比赛是一种培养积极态度的良好时机，虽然成功很令人神往，但只有对手真正与我们放开手脚比拼一场，这样取得的成功才值得庆祝。如果没有挑战，成功也没有意义。如果你的孩子赢得了什么比赛，不要只说"干得好"，问一问孩子的对手有多棒，如果对手很有实力，那你的孩子这一方又是如何获胜的？

游戏之夜

考虑一下每周举办一次游戏之夜，你和孩子们可以一起玩棋类游戏、牌类游戏，甚至是电脑游戏。市面上有很多游戏都有助于培养坚持不懈、敢于冒险的品质，也有很多专门训练做决策解决问题能力的游戏。充分利用这样的机会，着重关注（如果可行，请巧妙行之）这个方面。你自己也参与进来，那你就很有可能得到这样的评语：

◆ 干得很棒！你冒了一次险——不过当时并没有获得回报，但总会有获得回报的时候的。

◆ 你居然这么坚持，真令我惊讶！这是人真正的力量来源。

◆ 噢，真不敢相信我居然又重来一局了，我现在真想放弃。不过我可不想就这样放过算了——好吧，再来一次。

你可能还能想到别的办法来鼓励孩子坚持，例如，帮他们建立应对失败的积极态度，玩棋类游戏时，你可以有两种奖励方式，第一种就是奖励给赢的一方，第二种就是奖励给能够想出下一次胜局的新策略的人。

孩子们都爱玩游戏，但按我的经验来看，家庭生活中常常缺乏玩游戏的机会，其实跟你的孩子一起玩一个小时的游戏，比参加什么别的课外活动都要好——当然也胜过看电视。

关于顺应力的名言

就像之前介绍创意、毅力和冒险精神的章节一样，这里也介绍一些帮助人积极面对成败的名言，你也可以让你的孩子挑选一到两条名言，跟你一起制作海报。

你可以用如下的名言：

> 障碍阻挡不了你的脚步。如果你碰到了一堵墙，不要转身放弃，想办法爬上去，攀越过去，或是绕过去，都可以。
>
> ——美国篮球巨星迈克尔·乔丹

> 人非圣贤，孰能无过，过而能改，善莫大焉。
>
> ——孔子（这句话实际出自《左传》）

> 我长年累月地思考，思考得出的结果99次都是错误的，第100次时才终于对了。
>
> ——理论物理学家爱因斯坦

> 只要你不放弃，你就还有机会。放弃了就是最大的失败。
>
> ——阿里巴巴集团创建者马云

> 成功就是一次次经历失败而不失热忱。
>
> ——英国前首相温斯顿·丘吉尔

> 玉不琢不成器，人不学不知义。
>
> ——中国谚语

失败是成功之母。

——中国谚语

即使跌倒一次，也要一百次地站起来。

——中国作家张海迪

我们也可以换一个角度，让孩子想象自己功成名就时会说出怎样的警世格言，这些甚至能成为家庭俗语！

应对考试的三大顶级策略

1. 不要将考试视为"评判自己的方式"，而是"帮你学习的方式"。让你的孩子明白，考试只是给他们提供了机会，让他们"展示"自己所学的东西，明确他们还需要努力的地方。

2. 考试结束，分数公布后，无论你的孩子成绩优秀还是不尽如人意，重要的是要让他们知道，为什么会得到这个分数。如果他们考得好，秘诀是什么？他们采取了什么明智的方法？如果分数不尽如人意，是因为有什么掌控不了的事情发生了吗，如那天感觉不太好，还是有什么问题他们没有复习到？回顾以往，他们采取的学习方式是否有什么不对？重要的是，要让他们为下一步的学习制订计划，或是给弟弟妹妹做"成功秘诀"指南，无须太过严肃，你可以定一个这样的标题"怎样提高科学课成绩"，如果你的孩子喜欢画画，还可以用对话框和卡通形象来进行描述。

3. 如果你要表扬或奖励你的孩子，请为他们的努力、积极的态度和个人的奋斗过程而表扬或奖励，而不要只关注他们努力之后的结果。研究表明，从更长远的角度来看，有"学习目标"的孩子比有"表现目标"的孩子更优秀。当前者做错了事时，他们不会因此而沮丧、崩溃——相反地，他们能够明智地找出自己在该学科失败的原因，明确下一次自己该怎么改善。

第 11 章

怎样在"废"中寻"宝"

什么都不要相信,无论你是在哪里读到的内容,还是听谁说过的话,抑或是我说过的话,除非得到你自己的理智和常识认可,否则,什么都不要相信。

——佛祖(公元前 563—公元前 483 年)

从报刊、电视、网络、商店、广告，甚至是家人和朋友那里，我们能听到各种理论、建议、争论和意见。从一方面而言，这种渗透是一个自由而充满活力的社会的有力象征，另一方面而言，这种渗透又有点过于势不可挡。

那我们担心我们的孩子就一点儿也不奇怪了。如今的孩子们面对着来源于各种渠道的压力，甚至那些看起来老谋深算的人，也很少有机会培养孩子们相应的技能，让他们弄清楚应该相信什么，应该信任谁。我们能够教给孩子的一种重要品质就是，怎样不轻信他人，怎样明智地处理他们听说的和读到的内容。这并不是说要消极地对待问题，重要的是学会辨识信息的不同侧重点，查看信息是否合理以及相应的证据，并得出清晰明确的结论——也正如本章的标题所说的那样，在"废"中寻"宝"。

18 世纪时，政治理论家、哲学家埃德蒙·伯克（1727—1797）说过，"读书而不反思，犹如进食而不消化"。这句话很有道理，不过现在，情况不一样了。我们的孩子需要上网，浏览聊天室内容，筛选并回复邮件，看广告，评价博文，搜索各种资料。这是一场知识的盛宴，如果他们不懂得自己思考，那他们就无法消化所有得到的资讯信息。

以下介绍的前几种活动，有助于向年幼的孩子介绍形成真正的逻辑方法所需的一些基本概念：如认识确定的、有希望的和有可能的结论之间的区别，以及事实与理念之间的区别等。在孩子们需要决定相信什么的时候，这能为他们提供相应的工具和技巧。

这些内容需要一本书才能说得清楚，本章的内容只是让读者们先入门。

小提示

1. 帮孩子学会批判性思考的最佳办法，不是长篇大论地给他们介绍技巧（而本章的内容就有这个嫌疑），而是给他们机会讨论各种问题。这样，你就可以给他们指导，逐渐介绍给他们有用的技巧，以及各种有用的信息，鼓励他们培养独立思考的能力，这需要以第1章介绍的内容为基础。

上网浏览一些为父母详细介绍网络安全知识的网站。

如：https://wisekids.org.uk/wk/parents-online-guide/

2. 作为父母，我们露出质疑的神情时，也不要剥夺了孩子们探索的乐趣。不要告诉你的孩子，你相信什么不相信什么，给他们留一点空间，让他们带着不确定的心情前行。告诉他们，你对某个特定的话题不太确定，邀请你的孩子一起来思考。有思考和成长的空间，人才可能去学习，增进技能。

3. 在"废"中寻"宝"，最终取决于能否找到其他解决问题的方案，并对其进行评估。这种习惯可以在各种状况中培养形成。无论你是在听收音机，还是在读睡前故事，还是在外面散步，或是做什么非凡的事情，你都会发现，有很多时候，很多情况，你和你的孩子都会以给你们所见过、读过或听说过的内容想出各种可能的解释为乐。

活动和游戏

未知的概念

年幼的孩子很难区别确定的事物与只是有可能存在的事物。相似地，不可能的事物和没希望存在的事物也是有差别的。因此，在讨论日常事务时把这些概念区分清楚是有用的。以某种日常事物为例——可能是你散步时路过的某栋建筑物，或是你正在吃的一种食物，你们能轮流想出关于该事物的绝对正确无误的 5 个特点，以及绝对不可能存在于该物的 5 种特性吗？

你的孩子渐渐熟悉了这些概念，你就可以介绍"不太可能""可能的""有可信度的"等等这样的概念。例如，让你的孩子想一想，明天不太可能发生的 10 件事是什么，这会很有趣。在一张纸上画一条线，一头写上"不可能"，另一头写上"确定"，你的孩子在思考要做的事情时，让他们想一想这些事情发生的可能性有多大。你们会展开很有意思的讨论（也会认真思考一些好的问题），你的孩子可能会认为，外星人

侵入地球这事的可能性，就跟老师骑大象去学校上课的可能性差不多。

◆ **另一种想法！**

　　如果你准备好了，可以挂一根晾衣绳，将每一种可能性程度写在一张纸上，贴在晾衣绳旁边，将上文提到的"线"实际化，这样很有趣。在每一次开始新的争论时，将这些纸张更换位置，或者也可以用便利贴，将它们贴在桌子或窗户的边缘处。

你猜怎么着！

　　我们经常被试图说服接受一种特定的结论，它们可能是：（1）绝对真实的，（2）唯一可行的，（3）绝对真实且唯一可行的。孩子们需要小心谨慎——尤其是这样的结论在现实中不一定确定的时候。

　　用一种令人吃惊的事情吸引孩子的注意，如"你猜怎么着！考拉每天要睡 22 个小时"（在互联网上很快可以搜到很多类似的事情）。然后跟他们说，"这难道不令人惊讶吗？我真想知道究竟是怎么回事……所以，我想可能是这样，考拉是这世上最懒的动物"或者"也许，那剩下的两个小时它们都在快速飞奔，所以它们累坏了"。

　　然后你们轮流想各种可能的结论，可以这样说，"……可能是真的"。最可能发生的事是什么？最不可能发生的又是什么？跟上一个活动一样，你可能会给这些结论的可能性高低做出划分。

然后试一试一些确定的结论，可以这样说"……一定是真的"。这更难以确定——我跟许多成人一起进行这个活动时，这难倒了一群人。积极地对待孩子的所有尝试，稍稍地质疑一下孩子，看看他们是否确定自己所说的是确定无误的。

告诉他们，要做出确定无误的结论有多么难，当别人说什么事是确定无误的时，我们有必要重新考虑一下。在适当的情况下，这可能会让你和孩子讨论起在学校时的经历。他们的朋友们有没有劝说过他们必须要去做什么事，或者有没有说过什么事是确定无误的？那他们又是如何回复的？对这种情况，我们还能采取什么其他的行为态度？

绝对可能

只要挑选出你们都能看到的任意一件物品，如一种食物、一幅画、一个人、一栋建筑、一座公园或一个电视节目，然后每个人轮流回答如下问题：

◆ 关于……，……是绝对正确的。

◆ 关于……，……有可能是正确的。

◆ 关于……，我想要问的问题是……

尽量让大家快速作答，这样大家就能持续关注游戏，很快就轮到下一位玩家了。如果有人说出来什么有趣的内容，其他人可以暂停一下，并提出如"你是怎么知道的"或是"你是怎么确定这一定是真的"这样的问题。

我曾多次听到过这样的故事，牛津大学和剑桥大学的录取者向一些希望入学者提出"给我介绍一下……"的问题，让他们介绍一些不同寻常的人造制品。在面对这样出人意料的问题时，可以采用这种简单的"三步思考"步骤。

如果你愿意的话，你也可以按如下这种表述，来让你的孩子理解"意见"的概念：

在我看来，关于……我觉得……

疯狂的结论

这个游戏需要成人或大一点儿的哥哥姐姐来参与，说出一个令人不敢置信的结论，例如：

◆ 今天下雨了，所以之后会发生洪灾。

◆ 老虎是危险的动物，所以我们应该灭绝这世间所有的老虎。

◆ 爱丽丝要给每个朋友送一份礼物，所以她一定是买彩票中了奖。

用严肃认真的态度说出这样的话，就像你是真的相信了一样，这很有趣。问问你的孩子，看看他们是否也这么认为。如果他们不这么认为，假装出惊讶的神情——他们认为你说错了？鼓励他们解释一下，你的这种逻辑有什么问题。然后跟你的孩子继续玩这样的游戏，想出尽可能多的令人难以置信的结论。

数独游戏

数独游戏是一种确定什么是准确无误，什么有可能是正确的很棒的游戏。玩这个游戏，重要的是要告诉孩子，如果他们仅凭猜测——即便他们猜测得合情合理，这个游戏也会失败。想要胜出的唯一办法就是做出合理的推论——仔细思考什么一定是正确的。

有什么事是你相信但却无法证实的？

这个游戏可以让人保持理性！有必要告诉孩子，我们许多人都有些观念和看法并没有无懈可击的证据或逻辑支持，而我们却仍然坚持认为这些观念和看法是合理的——这并不一定是坏事。从很多方面而言，这让我们有人性。我跟年纪大一点儿的学生就此展开过热烈的讨论，问过他们"有什么事是你相信但却无法证实的"，你也跟你的孩子一起玩一玩吧——真的很好玩！

以批判性的思维思考信息

随着孩子渐渐长大，让他们认识到，他们有必要以批判性思维看待自己听到和读到的内容。要跟他们指出，遗憾的是，我们听说的并不一定都是完全真实且准确的。然而，从好的一方面而言，这让了解世界更有趣。有些人就是容易相信他人，无论别人说什么，都会相信。但是，你的孩子可能会愿意学习成人所用的一些技巧，这样他们就能够识别出他们认为有用的内容，并自己决定要相信什么。（要用什么语言介绍都随你！）

第 5 章介绍了一些你可能愿意尝试的策略，用以鼓励孩子去培养了解世界的兴趣。你知道你的孩子对什么感兴趣吗，找相关的文章和资料来给他们阅览。

倘若你或你的孩子找到了一篇真正有意思的文章（在他们长到一定的年龄之前，内容应是简短但流行的话题，否则会让他们望而却步），你可以教他们问如下 3 个"魔法问题"：

◆ 作者想要表达的主题是什么？
◆ 作者究竟想让我相信什么？
◆ 他们为此给出了什么理由？

这些理由有什么合理的地方？它们有说服力吗？我能够发现其中的问题吗？（下面简要介绍一下相关的统计数据、可信度问题和常犯的错误。）

这样做，你就是在鼓励孩子将自己视为批判性思考者——这样的人才有才智自己决定，他们是否要相信自己收集的建议或证据。

你能相信谁？

决定是否要相信某信息来源，需要看它的可信度。孩子们是需要引导才能明白这一点的——所以，我们有必要教他们如下 6 条评判可信度的准则：

名声——这个人 / 组织机构 / 报社 / 网站名声好不好？

可信度——这个证据是由有可靠信息来源的人提供的吗？

既得利益——信息提供者提供了特定的信息，他们是否会有什么利益？

专业性——这些证据是由专业人士提供的吗？

中立性——有没有可能在人们未曾察觉的情况下，信息会有所偏差？

选择性——提供的信息是否全面？

我们的目标是，让孩子在读报刊或浏览网址的时候，自然而然地就以这种思维模式行事。

令人吃惊的数据

报纸上的报道中，有时候会有一些令人吃惊的数据，能让人们展开有趣的讨论，例如，你知道如下内容吗？

95% 的废弃塑料未曾得到回收利用。

——皇家统计学会《2018 年国际数据统计》

如今的青年比100年前的年青年人高8到9厘米，也就是高5%。

——ourworldindata.org

2016 年，法国是年度入境游客最多的国家。

——ourworldindata.org

当你读到了你认为孩子会觉得有趣的统计数据时，你就要表现出让孩子认为你真的对这一发现感到惊讶的样子，你可以这样说："哇！真不敢相信我看到的这条，你相信 / 认为……吗？"

然后，在理想状态下，你跟孩子讨论时，可以问问如下问题：

◆ 他 / 她是否对这一数据感到惊讶，为什么？

◆ 他 / 她是否认为，该为这一结果采取什么行动，如果他们主管相关的组织机构 / 国度 / 全世界，他们会怎么做？

◆ 让你的孩子跟你一起，根据已得的证据做出一些可能的或确定的推论。你们可以轮流说"因此，……一定是真的"，或者"那么……是有可能的"。

◆ 他们是否相信这一数据，他们认为这一信息是如何收集的？有什么理由不相信它表面上的价值？例如，我们是否能确定，这一推论有足够的理由令人信服？如果这是投票得出的数据，那么接受访问的人足够代表所有群众的意见吗？你可以跟孩子一起找各种冷门的数据，例如"98% 的《超现实邮报》读者相信这世上有鬼"。

◆ 想象（甚至也可以自己画）一幅漫画来说明统计数据。

有些"谬论"——不合理的错误——如下文所示。然而，在处理统计数据时，有一个很重要的问题，名为"ad populum"或"从众谬论"。从根本上而言，这就包括了以大众的支持度高为由而接受某种观念的事实。我们总会听到像这样的话，"因为有很多人都相信星象，所以星象所说的一定是真的"。不幸的是——除非得到了明确的理由和体验经历——否则很多人都会弄错。

谈论自卫

以下是一些常常潜入人理性思维之中的谬误。虽然这些案例看起来令人捧腹，但它们却是真实的、相当具有欺骗性的"技巧"，试图说服他人接受某个观点时，我们有时会或有意或无意地用到这些技巧。

◆ 攻击他人

攻击他人而不思考他人说话的真实含义。

孩子可能会说："别听他的，他说了不算！"

成人可能会说："别听她说关于教育的事儿，她总是让她的孩子上学迟到。"

怎样反驳：这跟那件事有什么关系？我们真正在讨论的究竟是什么？

◆ 滑坡谬误

这个词是什么意思？它就是一种逻辑谬论，即不合理地使用连串的因果关系，将"可能性"变成"必然性"，以达到自己想要的目的。

孩子可能会说："不要把你做的事告诉你妈妈，如果你这样做了，她可能会很烦恼，就不让你去参加聚会，你就会失去你的朋友，再也开心不起来了！"

成年人可能会说："医生不应该被允许以任何理由将大麻开成处方药，因为这样的话，人们就会认为只要有效，那么所有的药品都是可以接受的，大家就都会服用它们。"

怎样反驳：那么真实情况究竟如何？除此之外，还可能会有什么别的后果吗？

◆ 还有呢？（限定选择）

就是只提供一系列限定的选项，那么想要完成的那个就是必然要发生的。

孩子可能会说："你只能成为我的朋友或我的对手——你选吧。"

成年人可能会说："橄榄球和拳击这样的运动应该被禁止，不然的话很多人的头都会受伤。"

怎样反驳：还有别的可能吗？情况会变好吗？

◆错误关联（因果颠倒）

这是什么意思？就是认为，如果一件事与另一件事是同时发生或是紧随另一件事发生，那么这两者必然有关联。

孩子可能会说："他赢得赛跑时穿的是那双运动鞋，我也想要一双！"

成人可能会说："我拍打了一下屏幕之后，屏幕显示就恢复正常了，电脑的这个问题最好就用这个办法。"

怎样反驳：这是不是就是巧合？我们还能怎么解释这种现象？

◆ 普遍化

这是什么意思？就是根据局限性的证据，得出宽泛的结论。

孩子可能会说："汤姆今天对我态度很不好，男孩子们就是讨厌。"

成年人可能会说："我们足球队的中锋是在巴西长大的，他的足球一定踢得很好。"

怎样反驳：这两者真的有必然的因果关系吗？要得出这个结论，你需要什么确实的证据？

◆ 这还不够

这是什么意思？认为要得出特定的结果需要某事物，那么该事物的存在就一定能保证得出这个结果。

孩子可能会说："老师告诉我，要通过考试就要努力复习功课，我努力复习了功课，那为什么上次考试我还是不及格？"

成年人可能会说："真不明白这是怎么回事，他们说，如果我买了这台健身器，那么 3 个月内我就能减掉 20 斤，可我根本没减啊，这是怎么回事？"

怎样反驳：有没有其他影响因素？是什么呢？

◆ **给深入思考者的话**
　　你可以跟对这种思维方式有兴趣的、大一点儿的孩子一起，讨论某种特定的谬论。相应地，你们可以轮流猜测彼此犯的错。孩子们引起的争论通常都是很有洞察力的——当然也很有意思。

小心广告！

学传媒知识时，从广告开始就很不错，因为广告的时长短暂，而且很吸引人，容易受孩子喜欢。重要的是，我们要让孩子对广告持有健康的态度：从一方面而言，我们需要这些广告推销的产品，并因这些产品而获益，从另一方面而言，如果我们完全相信广告中的内容，那就会受骗，糟糕的话甚至可能倾家荡产。

下一次在电视或网上看到广告，不要抱怨，可以用这个机会玩一玩如下的"批判式思考"活动：

◆ 给广告打分！出于直觉，而不太过深入思考，如果满分是10 分，你会给这广告打几分？为什么？

◆ 读心术。问一问你的孩子，他们是否能读懂广告商的心思，猜出他们想让观众们相信什么。他们可以用如下的两个好办法：

1. 听一听他们公开的广告词。这些内容更可能是真实的，如果撒谎，广告商就会有麻烦。然而，即便是这样的广告词，有时候也可能有不同的理解方式。请阅读"试验"部分内容查询相应的案例。

2. 试图明确隐藏的信息。这些"隐藏信息"通常只是暗含的，因此，如果孩子学着去找这样的信息，请表扬他们。例如，广告商可能希望告诉我们，喷洒某种香水会让我们更有魅力，或者吃某种食物，我们就能跟朋友们开心相处，使用某种清洁产品，我们的厕所就会变得干净整洁。他们对这些内容怎么看？他们相信哪些内容？他们认为哪些内容不可能是真的？

◆ 试验。让你的孩子假想，如果他们有机会向广告创作者提问，他们会问哪 3 个问题，来使自己下定决心购买该广告推销的产品？例如，如果出现了模糊的数据，例如"十分之九的狗主人称，他们的宠物狗最喜欢这个品牌的狗食"，你的孩子可能会想知道，广告商究竟调查了多少人？这些人怎么判断他们的宠物更喜欢哪个品牌的狗食呢？除了这款狗食，还有别的品牌的狗食吗？这款比别的款贵多少？

超市侦探

逛超市是让孩子认识广告技巧的绝佳机会，另外，你们逛超市的时候，也是让他们忙碌的好机会！只要给你的孩子一个购物篮，并给他们设置如下一种挑战即可：

◆ 名人：你的孩子能在不同的产品包装上看到多少名人照片呢？快速浏览之下可能会发现，体育明星代言的大多是健康食品类的商品，而演员则大多代言美容类的产品。他们认为，为什么那种产品找了那位名人代言呢？

◆ 令人误解的广告语：从保护心脏或瘦腰的产品，到那些只是味道好的食物，谁能找到最反常的产品案例？有些护发产品就很反常，包装上的头发像镜子一样亮。

◆ 配料。有时候，我们从产品名称或包装袋的图片上就能知道，某种食品中有类似水果或巧克力的配料，仔细看配料成分表，事实果真如此。你的孩子如果发现了类似这样的产品案例，给他们加分。

◆ 图片。通常，产品包装袋上的图片还包括了实际产品中所没有的东西。给你的孩子们每人准备一篮不同的产品，看看谁最先找出 5 种这样的产品。

◆ 小字。对大一点儿的孩子来说，谁能找到一种看起来很好，但产品包装上的小字标注可能会有什么不好的产品？最经典的是那句"如果用作限能量饮食，只能限一部分"。

◆ 免费赠品。今天买的东西里有赠品吗？如果有，你的孩子又怎么看购买的商品的真正价值呢？有没有代价券？要在多长的时间里收集多少代价券？总的来说，送赠品是个好主意还是糟糕的主意？

◆ 品牌名。鼓励你的孩子做一次实验。他们能不能找两种同类的商品，一种是知名品牌，一种是超市自供的？如果你们两种都想买，那就都买回去，给家庭成员做一次盲测。总体而言，大家更喜欢哪一款？如果更贵的就是更好的，那么它真的值那么多钱吗？

◆ 商品摆放位置。孩子们的用品都是放在商品货架柜的底层的，所以，在购物的时候，要让孩子们先走。他们可能真的想买什么东西，这样很好——但他们也要明白，店铺将商品摆放在显眼的位置就是为了诱惑他们的。

对大一些的孩子，你可以设置双重的挑战——谁能找到广告词说服方式最隐蔽的产品？

如果可能，请关注他们进行探索发现的行为，并表扬他们是很优秀的侦探！最后，你们还需要花一点儿时间去查看购物篮中的商品（并将商品放回货架上），这个活动的作用会让这个过程变得值得。

要记住，这个游戏不是非黑即白的判断题——你不能剥夺了孩子的乐趣。用这些广告创意并不意味着我们应该避免使用这样的产品。但你的孩子长大就会知道，他们应该自己做决定，他们才是做决策的人，而不是广告商。

小心互联网

互联网是一种很棒的调研工具，访问新的网址，浏览网上的内容很有趣。孩子小的时候，花时间陪他们一起上网，看看他们喜欢逛哪些网站。这样，你们就能一起去探索发现，一起讨论出现的问题。随着他们渐渐长大，他们就不太愿意跟你一起上网了，不过这时候，你已经帮他们建立了心理防线了。

让你的孩子自己制定安全上网的规则，列出他们能够公开和不能公开的不同信息，如果他们遇到了什么问题该怎么做，这是一个好办法。如果是他们自己这样做就更好，所以即便是还需要你的修改和整理，将这个责任交给他们自己也是能获得回报的。

告诉你的孩子，网上的信息不总是可信的。从小就鼓励他们做调查者——先对网站进行调查，再去接受网站提供的信息。他们可能会自问的问题包括如下几个：

◆ 谁创建了这个网站？

◆ 创建的目的是什么？只是给人提供信息，还是想要售卖什么商品？

◆ 这个网站有没有官方标识？

◆ 这个网站是中立的吗？它的偏向性有何理由？

◆ 如果这个网站提供信息，那会标注信息来源吗？

◆ 这个网站需要我提供自己的信息访问吗？如果需要，它真的需要我信息吗？

不可思议的探查

孩子们真的很喜欢调查"秘密"，而这是我们成人不会再去幻想的。不要试图杜绝所有冒险的事，要利用这些非凡的事件、场景和故事，培养孩子们的批判性思维，例如，你们可以一起研究尼斯湖水怪，或者一起找雪人或UFO？对大一点儿的孩子来说，这种超常范围的东西能提供丰富的话题——在网上搜索一下，就能发现许多对上述这些内容提出合理质疑的帖子。一旦选好了主题，那就开始探索吧！这里的问题是，要找大量的支持不同观点和意见的证据（如照片、调查、轶闻、科研成果等）。

如果你的孩子做了调查日志（见第5章），那这就是记录他们的探索发现的最好证据。相应地，给他们一大张纸，让他们做拼贴画——收集相关的证据，以证实他们的感觉有多么可信。要记住，你的目的不是要让孩子跟你观念一致，而是要让他们学会评估证据，从对立的角度思考问题，并做出结论。

第 12 章

怎样灵活思考

面对改变主意和证明没有必要
改变的抉择时，几乎所有人都
选择了后者。

——经济学家　加尔布雷斯
（1908—2006）

孩子们通常认为，改变主意代表自己还不够聪明，而不认为这是聪明的表现。重申一次，这可能也是观察成人行为得出的结果。不幸的是，跟孩子沟通的时候，成人要么毫不动摇地坚持自己的观点，要么就在孩子不断请求的压力下屈服。这样的体验会让孩子们深信，立场坚定是好事，而摇摆不定是弱点——这样既不可能让他们认识到敞开心扉接受他人意见的重要性，也不可能让他们做出合理的、高品质的判断和抉择。

　　重要的是孩子们要学着谨慎拿主意——要查验证据，考虑各种不同的意见，设想各种可能性，避免快速做出结论。下一章介绍了许多帮孩子做好决策的实用办法。然而，同样重要的是，也要教孩子改变主意。这个说起来容易做起来难。当状况改变了，某人提出了更有说服力、更合理的理由，或者你认识到你确实弄错了的时候，这尤其需要谦卑和自信的态度。

　　教我们的孩子培养这种坦率的个性，就是让他们不仅要应对改变，还要在改变中成长。《越快，越快》一书的作者希瑟·道森认为，容忍模棱两可和不确定性的能力是成功高管必备的5大品质之一。在如今瞬息万变的社会中，随着新的信息和局势而改变立场和观念的能力也越来越重要了。

　　灵活性也是创造力的关键影响因素之一：能够从不同的角度看问题，思考怎样接受并改善现有的理念，保持开放的心态，比总是固守同一种想法，无论状况如何改变都不动摇更重要。

　　最重要的是，宽容的核心就是要灵活思考——虽然本书主要介绍的是各种特性和技巧，而不是价值观，但显然，我们所有成人，作为老师和家长，都非常看重宽容这种价值观，我们都希望我们的孩子能养成这样的品质。

法国作家、哲学家埃米尔·查特对此有过完美的总结："最危险的时候，是我们有且仅有一种想法的时候。"本章介绍了一些开阔胸襟的办法。

 小提示

1. 思维灵活指的是对不同的理解和观念保持理性的能力。同样，在家里鼓励培养理性的氛围也很重要。准备为自己的观念和决定想合理的理由，希望你的孩子也这样做。

2. 教育你的孩子，出于合理的理由改变自己的观念和思想，这证明了他们是"优秀的思考者"——这证明了他们自己做推论的能力。

3. 寻找合适的机会去模仿。例如，如果你的孩子想到了什么主意，你可以这样跟他们说："你要试图改变我对那件事的看法，给我一个理由！"孩子每给出一条理由，你就要露出越来越信服的神情，最后你高兴地说："好吧，你说服我了。这个主意真不错，我改变想法了。"

4. 如果你发现自己在日常生活中改变了对某事物的看法和态度，就要向他人坦白。

5. 出现问题时，例如在学校，从小就要培养孩子共情的技巧。他们能有多么擅长猜测当事人的思想和感受呢？

活动和游戏

百里挑一

这个游戏可以有各种不同的版本。一个人挑选三四种物品如花园里的植物、厨房抽屉里的用品、故事中的角色、动物园里的动物、画展上的画作等等。每个人轮流指出这一指定系列中最特别的一项，要给出明确的理由。可以坚持让大家这样说："我认为……最特别，因为……"将这定为游戏规则。

强调倾听彼此意见的重要性，这样的话，大家就不会重复说同样的观点和意见了。谁提出了非常不同寻常、很有创意或是特别有意思的想法，就表扬谁。游戏一直持续，直到没有人想出更多的内容为止。

这个游戏旨在帮助建立灵活性思维和创意性思维，鼓励孩子去思考，除了第一个想到的"正确"答案，还有没有别的答案。这能让他们更富观察力，用不同的方法分析信息。

◆ **学校链接**

这个游戏还能以一种有趣且安全的方式来探索学校的课程。把它当游戏玩，选 3 个人、3 件物品或孩子所学的 3 种概念，例如亨利八世的 3 任妻子或者科学课程中要用的 3 种材料。

拼接游戏

这个游戏是由教育家迈克·福莱瑟姆创造推出的，真的能促进灵活思考。你需要 16 块方块，每一块上都有一幅图片（可能是从杂志上剪下来的或是从网上下载的）或一个词语。它们可能有共同的主题——比如海盗、太空或恐龙，甚至是故事书上的情节和角色——你也可以随机挑选物品和词汇。你甚至可以让孩子随意说 16 个词，然后你写在便利贴上。

如果是小一点的孩子，玩这个游戏时，可以挑选两块方块，请你的孩子思考一下，方块上所写的两种事物有什么相似之处。当你认为你选了两个很难联系在一起的事物时，要赞扬他们给出的几个答案；然后再选另外两个，说这次一定能"找出它们的相似之处"。孩子们喜欢挑战，尤其是挑战成年人的机会。

◆ **另一种想法！**
    这个游戏适合让孩子在家人外出聚会或是跟同学们出游时玩。当他们回想出游时，会想到什么词来形容呢？

一旦孩子对找相似的事物有了自信，那接下来的主要任务就是找到一种方式，将这 16 个方块以 4×4 的网格状排列，这有 3 个挑战级别：

◆ 相似。每一个方块必须与左右两侧的方块有相似之处。

◆ 相互连接。每一个方块不仅要与左右两侧的方块相连，也要跟上下的方块相连。

◆ 相互联系。每一张卡片必须与邻近的8张有逻辑上的关联。

如果有两个以上的孩子玩这个游戏，你可能需要制定基本规则，如轮流摆放方块时要为摆放的位置给出合理的理由。然后你只需要坐在一旁观看就好了！偶尔你也可以这样说，以便查验孩子的想法："这看起来真不错！好的，我必须要挑出一点儿东西来……这两个怎么样？你肯定没想到这两个有什么联系吧？"他们会喜欢上去证明你错了的！

跟大一些的孩子玩这个游戏，你可以设置一定的难度。听过他们将某两张卡片联系起来的理由之后，让他们评价一下，两者的联系是强、中等还是弱？如果联系并不强，他们能够找到增强弱联系的办法吗？

最后，问一问你的孩子，最喜欢哪组之间的联系？最有想象力的是哪一组？哪两张是最难以联系到一起的？这个活动的目的是，到最后，为了找到最佳的联系配对，他们不得不多次改变自己的想法。

◆ 学校链接

拼接游戏适用于帮助孩子加深对学校课程的理解。请他们的老师给你提供 16 个与他们将要学习的课程相关的关键词（这尤其适用于科学、历史、地理和宗教研究），然后将它们写在方片纸上。

将这些纸放在显眼的位置，如贴在衣柜、镜子或冰箱门上。你的孩子学得越多，对课程的了解越深入，他们就越能够改变这些纸张的排列，他们给你解释了重新排列的理由，就是在教你他们所学到的知识。

这是个秘密！

一个人从房子里挑选出一些神秘物件，将它们放在一个袋子或篮子里，用布盖上。其他人来逐渐揭开盖布，猜一猜袋子或篮子的主人是谁，他们失去了这些东西会怎么办。每揭出一种物件，参与者们就会改变想法，以与新的线索联系上——越有创意越好！

这个活动的另一个版本就是以讲故事的形式来进行。第一个人取出一种物品，并讲述与之相关的故事，每揭出一种新的物品，其他人就给这故事加一点儿内容。听到特别有创意的内容，就表扬讲出这些内容的孩子。

这个游戏没有篮子当然也可以进行。你和孩子一起外出散步时，你们可以轮流记录途中看到的有趣的事物。你们可以一起利用这些事物，创作一个故事。对于天生有想象力的孩子而言，这个游戏很有趣，而对那些在学校写作课上担心没有文思的孩子而言，这是一个很棒的锻炼机会。

设想一下

这既有助于培养灵活性思维，也能让孩子认识到，凭借既定的有限证据，通常能做出多种可能的结论。

一个人应该想一想不同寻常的开始事件，如多家店铺的巧克力缺货，昨晚天际出现了明亮的光，或者草坪中间出现了一大块长长的杂草。然后，你们可以轮流为这些不同寻常的迹象找尽可能多的理由。

◆ **另一种想法！**

这能用来鼓励孩子谈论他们正在体验的艰难状况，例如，如果他们因为认真复习过但考试分数太低而失落，或者认为学校里有人对他们做出了不善的举止，你们可以一起探索导致这些状况出现的理由。你在跟孩子认真讨论的时候加入一点儿滑稽的描述和示例，这样能让你们彼此间的氛围更轻松一些。

思考并行动

这个活动旨在让孩子们知道，要敞开心扉和拓宽眼界，掌握了所有必需的信息再行动，这需要你们做一点儿准备，需要发挥创意思维，让一群孩子参与进来。

想一些你的孩子感兴趣的事情——例如，他们刚刚去了某荒岛定居。他们会有什么感受？让他们自己在房间或花园里用脚划出"开心"和"不开心"两大区域，然后加上新的信息，例如，这个岛屿距现居地很远，要赶两趟飞机，乘一次船才能抵达。这样，他们会有什么感受？不过，这个岛屿有私人游艇和私人飞机。然而，这些也不完全是私人所有——岛上还有原住民，他们有权长期居住在这里。但是，根据当地风俗，所有居住者都要向岛主送礼。而这些礼物通常都是毒蛇。你可以尽情发挥想象！

　　每加一条信息，玩家们就要重新思考自己的立场，并根据自己的新立场选择开心或不开心的区域站位。随后，可以问一问他们对这个游戏的看法，他们能给这个游戏增加新的内容吗？

他们在想什么？

　　你跟小一些的孩子一起看绘本或杂志，当看到有许多人在一起的图片时，就跟孩子一起探讨一下，图片中的每个人物都在想什么吧，他们为什么而开心？什么事会让他们焦虑？如果他们每个人都有一个愿望，那这些愿望会是什么？给这个游戏增加一点儿挑战性，轮流与孩子一起扮演图片中的角色，然后以这些角色的身份和口吻相互交谈。这个活动极需想象力，也能让孩子认识到，每个人都有不同的观点和思维方式。

切换

这个游戏最适合在跟孩子外出时玩，因为你们可以借用身边的日常事物来玩。

一个人请另一个人说服自己相信某事是真的，例如角落里那辆破旧的斯柯达汽车是最好的车，或者应该绝对禁止使用塑料袋。第二个人应按第一个人所说的立场来讲，但如果第一个人说"切换"，那就必须改变立场。

这个游戏真的考验人的灵活思维的能力，尤其是这个游戏完全取决于第一个人说"切换"的频率和速度。最好是让每一次述说时间相对短暂—— 一分钟左右最佳。这样，孩子们可以经常改变观念，给彼此设置新的挑战。你也要准备好参与游戏——你的孩子会喜欢上找你的碴的!

最大的问题是……

上述游戏的另一个版本是，3个人一起玩，由题主为另外两人设置一个"大问题"来争论，这个问题可以是意义深远的，也可以是无厘头的，如"大问题是……真的有这么神奇的东西吗"，或者"大问题是……詹姆斯·邦德是最优秀的影片主角吗"，对那稍大一些的、已经懂得时尚潮流的孩子，可以问"穿凉鞋时应该配上袜子吗"这样的问题。唯一的规则是，问题必须是有两种可行的答案的——是或者否——答案不应太过平淡无奇。

其他两位参与者必须持有对立的立场，然后双方轮流举出支持自己观点的理由。比如说上面说的凉鞋配袜子的问题，一个人可能说："古罗马人穿凉鞋时都是穿袜子的，而且他们还给我们创造了各种重要的东西，如道路和热水澡。"而另一个人则以同样的方式反驳："大热天的穿袜子会让你的脚生脚气的。"

　　题主选择支持哪一方，然后开始游戏。没有被题主选择的一方则要找尽可能有说服力的理由辩论，自己这一方为何是合理的，找的理由越多越好。最好是鼓励他们慢慢来，让他们找到尽可能清晰且完备的理由来支持自己的论点，不然他们很快就会才思枯竭。非常重要的是，设置辩题的人要仔细倾听，当他们感觉自己被另一方说服了时，他们就要说"更换"。然后题主先前支持的一方就要仔细想想，要用什么有说服力的理由让题主重新支持自己。游戏结束前可能有好几次更换的机会，如果双方再没有什么可争论的，题主可以做最终的决定，更相信谁。题主支持的一方得到机会设置下一个问题。

　　这是一个很棒的游戏，因为这能让孩子们明白，改变自己的心意和立场并不是耻辱，最重要的是，我们要总是准备好接受新的观点和争论。

第13章

怎样做明智的决策

哈利，体现我们真正自我的，
是我们的抉择，而非能力。

——作家　J.K.罗琳
（1965—）

我们都知道，要做确定的正确决策有时候是不可能的。但学着如何去考虑不同的选项，考虑各种有利和不利因素，预测特定行动过程的潜在后果，会让做出的决策更加可靠。

如今的孩子总是在做决定——其中的某些甚至对他们的生活有重要影响。跟他们聊一聊，他们是怎样做出这样的决定的，这很有意思。也许因为现在的生活节奏越来越快了——接收信息、娱乐活动和沟通交流都非常便捷——决策似乎也做得非常快。通常，我们的孩子们会根据本能和他人告诉他们的来做决定。考虑各种不同的选项真的太慢了。

所以，从小培养好的做决策的习惯是很重要的。这里有一个严重的问题，作为老师和家长，我们无法一直帮孩子出谋划策。相反地，我们需要让他们明白该怎样自己拿主意，培养他们遇事自己想办法的习惯。

本章和接下来两章之后，本书就要结束了，这几章里介绍了一些需要综合运用前面章节所介绍的品质的技能。如果我们的孩子要学如何明智地面对困境，那么，这就需要创意思维，以及发现各种可能性的探索精神，还有敢于行动的冒险精神和坚持不懈的品质。

这也就是说，之前提及的许多活动都应该能让你的孩子成为老练的决策者。本章会介绍更多可以用于尝试的理念。

小提示

　　1. 在合适的时候，公开与孩子谈论你要做的决策和决定。告诉他们，你正在考虑各种可行选择的优劣之处，如果可能，让你的孩子也来帮忙出谋划策。例如，选一个假期出游，或者为庆祝某人生日做计划，是他们能够参与其中的有意思的决策。

　　2. 请尽可能地找出你的孩子能真正自己做决定的事情。是的，这需要一点儿信任，而且也并不总是会完美收场，不过只要有足够多的机会去实践，好习惯就会养成了。任何可能的情况下（请确保安全），当孩子向你请教时，试着这样回复："你决定……"

　　3. 告诉你的孩子将难以定下的决策暂时放在一边的作用，如果问题很棘手，那就"留待解决"或是暂时去做另一件事。在《上学有什么用》一书中，作者盖伊·克拉克斯顿提到了一项研究，该研究表明，给自己一点儿时间，让自己不再那么关注信息，有时比明确梳理信息更有帮助。我们总是低估了自己在这一方面的能力。

　　4. 让你的孩子认识到，仔细思考就是在竭尽所能。如果事后发觉，之前做的决策并不合理，就要让孩子们安心，告诉他们不必要浪费时间去担心原本应该怎样，他们也不应该这样做。接下来只要努力思考该怎样挽回就好了。

活动和游戏

无助的亨利

做明智的决策的第一步就是要衡量所有可行的选项，这个游戏就是鼓励孩子们这样做。开车外出时，适合玩这个游戏，因为你们可以在几分钟之内就得到游戏的答案。

请跟他们介绍"无助的亨利"。这个亨利当然是一个虚拟的角色，他总能在棘手的状况之下认清自己的处境。一个孩子想象他最近遇到的问题，这个问题通常是可笑的，但也有时候是很严肃的，例如，无助的亨利……

- ◆ 家庭作业被邻居的小狗藏起来了。
- ◆ 被一只巨大的乌贼追。
- ◆ 一整年没有收到聚会的邀请函了。

玩家们轮流想各种解决方案，直到想不出为止！如果无助的亨利被一棵巨大的香蕉树挡住了去路，你的孩子可能会建议你给亨利一个游泳圈，这样他就能潜到树里去，或者采很多香蕉跳过去，或者用树叶做一对翅膀飞过去。

游戏过程中，玩家们可能会挑选出他们认为最有趣的办法、最有原创性的办法，以及在实际生活中最管用的办法等。

交换角色

鼓励孩子在做决策之前考虑不同的思路是不错的主意。在讨论事情时，可以考虑如下问题：

◆ 你知道任意一个可能对此有看法的人吗？

◆ 他们为什么会那样想？

◆ 你怎么看这件事？为什么？

把握平衡

帮助小一点儿的孩子理解怎样彻底地想清楚决策过程的好办法就是用一系列的"决定尺度"，这份度量衡可以放在孩子的卧室里，只要开始做有意思的决定就可以用。

你需要一个天平（就是中间一根枢轴，两边各一个盘秤），一些塑料积木和便利贴。告诉孩子们，做决定就像称重：一旦有了多种可行的选项，你就需要同时考虑每一种选项的利弊之处。

假设你在帮孩子决定生日当天要做什么，你们可以一起想四五种可选择的事情，然后再从中筛选出两三种事项。仔细考虑其中的一项事项，问问你的孩子做这件事有什么好处，又有何坏处。把这些好处和坏处都写到不同的便利贴上，再贴到塑料积木上，然后把贴有好处的积木放到天平的一端，贴有坏处的积木放到另一端。哪一端的积木更重？如果两端平衡，那么选择做这件事是好事还是坏事？

要让你的孩子明白，在日常生活中，做任何决策都是像这样的过程，让你的孩子帮忙，用这样的天平做一项决定。

◆ **给深入思考者的话**

用不同尺寸的塑料积木代表选项的优劣之处及其重要程度，是评判选项做决策的一种好办法。每列举出一点优势或劣势，就问一问孩子，他们认为这一点是重要还是不重要，用合适尺寸的积木来表示。你选择的好处和坏处有时候是需要冒险的，有时候，一些真正重要的潜在优势的重要性可能超过很多较小的劣势。

拔河

大一点儿的孩子可能会把做决策看作是一场拔河，如果他们要做艰难的抉择，又只对两种选项拿不定主意，那就让他们在一大张纸上画一根长长的线，在线的两端分别写下两个选项，然后鼓励他们写下他们自己认为的每种选项的优点和缺点。让你的孩子尽可能地做好准备，也许也可以问问朋友和家人的意见。

接下来将优点贴在线的上方，缺点贴在线的下方，将各项优缺点分别列好。他们认为这场拔河哪一方会赢？这能帮他们做出决策吗？

假设……

用"假设……"是一种想出有趣的假想场景的好办法。另外，这种想象也给孩子提供了练习做决策的技巧的好机会。

以下是一些示例：

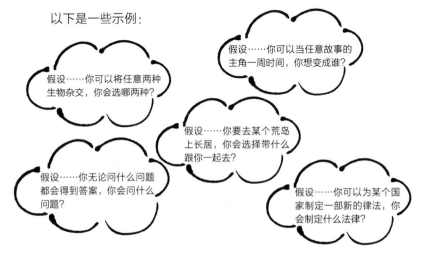

假设……你可以当任意故事的主角一周时间，你想变成谁？

假设……你可以将任意两种生物杂交，你会选哪两种？

假设……你要去某个荒岛上长居，你会选择带什么跟你一起去？

假设……你无论问什么问题都会得到答案，你会问什么问题？

假设……你可以为某个国家制定一部新的律法，你会制定什么法律？

每一次玩的时候，都想一想各种可行的选择，然后仔细考虑这些选项的优缺点，以及采用或不采用这些选项的后果，最后再做决定。这能让你的孩子明白，做决策是需要时间的。第一次想到的不见得就一定是最好的，我们还需要多考虑考虑。

决策清单

寻找机会创造需要孩子在不同事情或行为方式中做选择的情境，如：

我们要给爸爸过生日，可以选择去哪家餐厅吃饭？

我们最好给你的老师选什么礼物呢？

什么游戏最适合假期时玩？

现在，他们能想出 5 种帮他们做决策的要素吗？这样，选择餐馆的时候，他们可能会列出"食物好吃""可选的食物多""离家近""不太吵""善待孩子"等特色选项。

随后，他们就会轮流考虑各种特色，看看自己要选的这些餐馆符合几项特征。对小一点儿的孩子，你可以让他们一手握拳，然后，每满足一种特征就竖起一根手指，最后，他们竖起了几根手指？

理想的状况下，这个考虑过程要非常短暂，这样，用特征来评估不同选项的优劣就会成为你的孩子养成的一种好习惯。

逆向思维

有时候，面对艰难抉择时，我们可以问一个与面对的问题相反的状况的问题。因此，你的孩子可能不会问"我们的球队下一次比赛要怎么赢"，而是会问"下一场比赛最糟糕的结果是什么？"；他们可能不会问"我该怎么用我的零花钱"，而会问"用零花钱最糟糕的办法是什么"。如果即将参加一场重要的考试，他们可能会问："准备考试最糟糕的结果是什么？"

对孩子来说，问一问特定的场景下最糟糕的结果是什么，比更认真地讨论各种决策要有趣得多，而且这样的询问还会引出出人意料的结果来。思考一下问题的对立面，我们会为孩子经常想到有创意的办法而感到惊讶的。

◆ **另一种想法！**

这种方法很有效，它能鼓励孩子尝试用传统思维方式去思考可能会引起争议的问题。你可以更改一下提问方式，如，"最好的毁掉友谊／上学迟到／输棋的办法是什么？"

第14章

怎样享受解决问题的过程

如果你认为自己能干，那你就能干；如果你认为自己不能干，那你就不能干。

——实业家　亨利·福特
（1863—1947）

当我们的孩子遇到问题时，我们总希望能帮更多的忙。通常这些问题都是关于友情、社交和道德的，有时候也可能是跟老师、作业或即将到来的考试有关。当然，随着孩子渐渐长大，他们也会遇到关于生活抉择的问题。

这样的时候，父母会很为难，因为我们能切身感受到孩子的痛苦和困惑。当然，我们也总是倾向于插手干预，替他们解决所有问题，尤其是在我们看来很容易解决，我们也确信能够解决的问题。

不过，请等一等，插手干预是正确的吗？想一想，如果你干预了，扮演了超级母亲或超级父亲的角色，你可能给你的孩子传递了这样的信息：

1. 我不相信你自己能完成这件事

可能正好有这样的状况或问题，你的孩子还无法完全理解，或没有足够的技能做出最优建设性决策，但你要记住——我们的职责是让他们养成这样的技能和理解力！如果我们为他们解决所有问题，那么他们面对问题时，仍然会手足无措。

我很喜欢这一章标题后的引言：如果你认为自己能干，那你就能干；如果你认为自己不能干，那你就不能干。难道我们不希望孩子"认为自己能干"？想象一下，成长过程中孩子抱着这种自信、积极的心态，明白棘手的问题总会出现，但只要自己采取积极的思维方式和行为方式，就能找到解决问题的办法，这有多棒！答案总会出现的，它的确存在！我们只需要找到就好！

这样的孩子，跟那种出现问题就被告知不要着急，母亲、老师或其他任何人会给他们找到答案——孩子自己不找答案——有多么不同？你认为，离开家之后，哪种孩子会飞得最高？

2. 很多事情都不受你的控制

认识周遭世界的孩子，若是发现自己没有能力影响这个世界，那就会让他们感到惊恐。我们若是替孩子"战斗"，那只会增加孩子的无力感。我们要让孩子认识到，他们的努力和行为，有时候能够对世界产生影响——甚至还可能产生不小的影响。

3. 我担心你会做错事

虽然希望我们的孩子无论选择做什么都会成功是可以理解的，但如果认为孩子能够不经历任何失败就取得成功，这是不理智的，而且可能还有相当大的破坏性。听任何成功者的故事，你都能听到他们经历过重重阻碍和失败，遇到过各种挑战和艰险。这些不只是生命中不可避免的，也是生命中不可或缺的。这是我们学习的途径，也是我们的孩子学习的方法。

此外，如果我们的孩子发现我们担心他们会失败，那他们会更担心，而这从长远的角度而言对他们有害而无利（见第10章）。让他们去尝试。如果他们不成功，那也不是世界末日，他们会从这样的经历中学到很多东西。

"直升机父母"是一种幽默的说法，现在越来越被用于描述那种总是围着孩子转，过分关注孩子的每一处细节，随时准备着为孩子解决问题的父母。

　　另一种让我们做我们想要做的超级父母的有效方式就是，学着将孩子每一次遇到难题当成是增强他们解决问题技巧的机会，这其实并没有听起来那么残忍！这只是意味着养成这样的习惯，就是停下忙碌，保持微笑（如果可能的话），并想方设法去支持孩子自己寻找解决问题的办法。

　　本书的潜在主旨之一就是，如果孩子们不仅是要面对这个竞争力巨大、无可预测甚至有时还很可怕的世界，而且还要在这样的世界中茁壮成长，那他们就需要做好准备。如果我们能让孩子享受解决问题的过程，每一次遇到问题都会去想："好的，我该怎么去解决这个问题？"并努力去付出，那我们就让他们有了良好的开端。

 小提示

　　1. 当你的孩子遇到问题时，不要急于给他们提供答案。给他们足够的空间，让他们自己解决问题，但要尽可能地提供帮助——比如倾听，如果必要的话，露出同情的神态，有时候也可以重复他们说过的话，偶尔问一些问题或引导他们去思考可行的抉择。告诉他们，你理解他们的担心和感受。

　　2. 让你的孩子相信，如果他们努力去做，那就 10 次有 9 次能找到解决问题的办法。问他们如下问题，引导他们去思考：

——这情况听起来很棘手，你能够想到什么解决的办法吗？

——哇！这真的是很麻烦！但我打赌，如果有人能摆平这件事，那肯定就是你了。你很擅长解决问题！

——为什么不尽可能地多想一些解决方案呢——即使行不通也没关系——这样我们就能够一起思考，看看你能不能选出最佳的解决方案？

3. 教育你的孩子为当前的局面负责。教他们认清楚他们的问题，如果他们也是导致问题出现的因素，让他们接受自己的责任，让他们仔细考虑自己想到的所有解决方案。将这个过程与创意思维结合起来——这样更有趣！例如，我们试图想出为什么有人想要在学校的厕所里放那么多卫生纸，孩子们开心地回复："这是一个创意思维游戏！"并主动思考各种理由，这就是我们希望培养的"我能够解决这个问题"的心态。

4. 鼓励你的孩子以不同的角度看待问题。不要马上就赞同他们的立场——无论你的孩子有多么诚实，他们毕竟还年幼，经验不足，不能公平地看待所有方面，很可能会有片面的想法。

5. 告诉你的孩子，你相信他们的看法，且重视他们遇到的问题——当你自己遇到问题时，在合适的时候询问他们的意见。

活动和游戏

有思想的朋友

帮孩子开始解决问题的好办法之一，就是向他们介绍"有思想的朋友"。

这是一种适合一起玩的活动。

先请你的孩子挑选几种玩具，这些玩具的"个性"似乎与特定的思维天赋相符。让这个游戏简单一点儿——比方说，你的孩子可能会选 3 个玩具，每一个都给予如下所述的 3 种特性中的一种：

◆ 会发现有趣的问题；

◆ 会想出许多有创意的想法；

◆ 会做明智的决策。

还是举例来说明吧。

例如，你的孩子有 3 个玩具，其中有一个玩具猫，想象她总是因为好奇心过重而陷入麻烦中——她总忍不住要提问并探索其答案；还有一个木偶松鼠，想象他很有创意，遇到任何状况或问题，他都能想 10 种办法去解决；最后是那只旧的玩具大象，破烂不堪，想象他很聪明，其他玩具有任何问题，他都能想出合适的解决方案。

这个游戏你们会玩了（你的孩子会表现得比我更好）！

下一次遇到问题时，例如，你的孩子需要去处理与同学之间棘手的关系问题，你可以让他们拿出自己的玩具，向它们请求帮助。孩子会去想象，玩具猫对这种状况有什么问题要问。一旦开始使用这种方法来弄清楚其中的问题，那么就可能还要问问松鼠了。有创意的松鼠能想出什么解决办法？要强调一句，这些办法看起来有多荒谬都无所谓。这个思考过程的好处之一就是，孩子们不用去担心哪种解决方式可行性较高，哪种解决方式看起来很蠢。

然后，我们再想想，把上述解决方案告诉大象两三种会怎样？你认为，擅长解决问题的他会觉得这些方案有什么好处？又有什么不好之处？

当然，你不需要让 3 个玩具都参与进来。我之所以说这么详细，是为了帮读者们弄明白这个过程是如何起效的，而如果实际去做的话，就可能比较复杂。但我希望，我已经把重点说明白了。通过提供这种逐步解决问题的办法，我们创造了一种便于讨论一些很微妙的问题的环境。对孩子来说，让他们去考虑别人对某情况的看法，比去考虑他们自己的看法要容易得多，通过玩具去想象也更有意思！

这可能听起来有点儿奇怪，但相信我，这很管用！我已经见过一群五六岁的孩子，在与一个我们称之为"聪慧"的毛绒玩具进行想象交流之后，认真地开始了相当深入的讨论。他们诚心接受了"聪慧"的观点，"聪慧"也是一个很棒的思考者，能够给他们提供有意思的想法和建议去帮他们解决问题。

这个活动有多种不同的版本，如果你的孩子不喜欢柔软的玩具，或者他们想象力相当丰富，他们可能更愿意做白日梦，给每种思维特性画出奇怪的魔法形象来，孩子们还可以给这些形象起名，你们可以一起编故事，教他们将自己掌握的超级技能付诸实践。

解决问题的规划

为什么不做一张"家庭解决问题规划"的海报放在家里呢？你的孩子可以帮忙制作并绘图。可以按如下步骤来做：

1. 与他人分享。我能把这个告诉谁？

2. 收集事实。我了解事情的来龙去脉吗？还有什么是我必须弄明白的？

3. 确定。我应该快速做出结论吗？这还有没有其他解释？

4. 想办法。我能想出多少种可行的办法？我能从别人那里获知多少办法？

5. 采取行动。考虑各种可行的行为方式的优劣之处，哪一种是最佳的解决方案？如果这个方案看起来很累赘，很耗时，就试着将它们分成更细小的步骤。

6. 给自己多一点儿时间。我过一会儿会有不同的感受吗？一个小时或一天后，我会有什么感受（当然，根据事情的紧迫性来看）？

7. 去行动。如果这样做是正确的，那就采取行动。恼怒、惊慌或看电视都不管用。

让你的孩子认识到，他们已经竭尽所能了——他们以合理的方式行事，也已经付出了时间和努力去寻找最佳的解决办法，如果他们的办法不管用，至少这是他们想出的最好的办法。总会有其他不在他们控制范围之内的因素可能会干扰到他们，如果他们出错了，他们不应该感到羞耻。

交通信号灯

另一种帮助孩子看待解决问题的过程的方法，就是用交通信号灯做类比：

红灯：停。辨明问题，这是怎么回事？

黄灯：等待，把一切都弄明白，试着做一份清单：

为出现的问题状况找寻可能的理由，也许可以这样说："可能是因为……"

思考各种解决问题的办法，这一阶段不要评估办法的好坏，只要快速记录下它们即可。

评估每种解决办法的优劣之处。

绿灯：处理问题状况，决定第一步应该怎么做。

有创意的理由

如果你在帮助孩子解决某问题状况，一旦你们掌握了全部必要的信息，那现在就是你们发挥创意思维的时候了。出现目前的这种状况还有别的原因吗？

一种办法是，给你的孩子一大张纸，让他们写下他们的问题。鼓励他们为问题状况想出尽可能多的理由——并不总是他们立刻想到的那种就是合理的解释。

因此，例如：

◆ 问题：我最好的朋友不跟我说话了。

他们可能会这样解释："她可能在担心别的事情"，"她可能知道了什么对她而言重要的事不是真的"，"她可能认为我不喜欢她"，或者就直接冲动地认为"她就是讨厌我"。

◆ 问题：我上次科学考试没有考好。

他们可能会这样解释："我们上次上课的时候我没有就不懂的问题请教老师"，"我昨天晚上熬夜玩 iPad 了"，"我没有认真学习上次考试的内容"，或者就直接冲动地认为"我就是不擅长科学"。

最好的状态是，这一阶段不需要做什么，你只需要这样问："还可能有什么别的理由？"然后你就能得到一大堆可能的理由。当然，这个活动可以口头上完成，如果你的孩子在睡前会习惯性地担心什么问题，那么在睡觉前做很管用（如下也是一样）。

有创意的解决方式

我们现在仍然用创意思维来思考怎样解决问题：

◆ 这种情况有多少种不同的可行的解决方案？

◆ 你的孩子能做什么来改善问题状况？

◆ 你的孩子会给其他人提什么建议？

◆ 如果必要的话，你能做什么？

这个阶段无须去评判，所有的想法，即便是愚蠢的想法，也应该提出来。事实上，鼓励他们去想可笑的解决方案也可能是好事，因为这既能让你的孩子放松心情，也可能能够让他们想出更切实可行的办法。

一旦做出了决定，鼓励你的孩子记录在一张纸上。这不仅能让他们记住这一决定，也能提醒他们应该要做什么，我们也希望，这能让他们不再那么焦虑着急，暂时将问题抛开，直到采取下一步骤时为止。

挽救局面

当孩子做了什么特别的事"挽救了局面"时，就表扬他们，以此作为家庭习惯。例如，你丢了钥匙，那你要怎么进家门呢？桌子摇摇摆摆不稳，我们应该怎么办？门闩闩上了，有人被锁在了浴室里出不来，我们怎么能让他们出来呢？

是的，你想的不错。基本上，无论何时被那些影响我们所有人的日常问题所困扰，与其自己快速决定，不如多给自己一点儿时间，让孩子也参与进来。这会让他们认为，自己在这个家里也是很重要的，会将自己视为问题决策者，他们也会喜欢上去记录谁是挽救局面最多的人。

你的问题是……

这是个很便捷、很有意思的游戏，在任何地方都能玩。轮流给彼此设置不可思议的挑战，如，怎样在沙漠里修建冰屋？你怎么样才能在光天化日之下偷走一头大象？你怎样让你的宠物猫的照片出现在国内的报纸上？（你的孩子可能会想出更多有意思的问题来！）然后，就要来制订 5 步计划来完成这不可思议的任务。

神秘路线

下一次出去散步或开车出行，无论是去超市还是去别的地方游玩或是去见一个朋友，给你的孩子设置一个现实的挑战：你准备走哪条路线？让他们在地图上挑选自己喜欢的路线，然后指引着你们按路线走……不能用卫星导航！

移山！

根据一个古老的印度传说和法国数学家卢卡斯于 1883 年发明的拼图游戏为基础，这个脑筋急转弯游戏旨在培养解决问题的技能。你需要几种不同尺寸大小的物品，能够彼此相互堆叠，书籍就很不错，但如果你选的地方空间够大，用垫子也很不错，将它们按尺寸大小堆叠起来，最大的在下面，最小的在上面。开始的时候选用 4 种东西，玩得熟练可以加到 6 到 8 种。

如下图所示留 3 处空地，将这一堆东西放在最左侧那一处。

这个活动的任务是，将这座"山"移到右侧的空处，规则如下：

◆ 一次只能移动一件。

◆ 每次都只能从最顶端的开始移，中间的不能掉落出来！

◆ 这些东西可以被移到其他的空处，或是放在更大一些的物品之上，但不能将大的物品叠放在小物品之上。

这个活动是让你的孩子认识到坚持的作用的好机会。孩子很容易就会感到沮丧、乏味并想放弃，所以尽量让这个活动的氛围轻松愉悦，也许你们可以轮流搬运东西。你可以说："我可不会放弃这样做"，或是"如果我们能做到，那有多棒啊"。这样，你的孩子就会认为，你也觉得这个任务有难度。

捆绑！

这个游戏相当有趣，可以让我们深入理解对解决问题很有帮助的连续性思维。你需要一定的空间以及五六个人——不建议成人参加这个游戏，除非他的身体格外柔韧。

这五六个人中，一个人站在一边——作为观察者，剩下的人手拉手围成一圈。现在，这几个人可以通过扭转交叠身体的方式来捆绑别人了，在不松开彼此的手的情况下，怎样做都可以——如果你觉得安全，还可以用腿和脚来帮忙。等捆绑结束，观察者就要走过来，找到正确的顺序来解开这个"结"。

做流程图

将解决问题的逻辑步骤可视化的一种简单有效的方法就是做流程图，这一策略的优势在于，孩子们能用任何纸张来做，也可以搬一些箱子，如果他们愿意的话。这些箱子可以是任何形状的，尺寸大小不限，之间有箭头来标记次序，箱子里放着词汇和图片的卡片——这都由你的孩子决定。

我们通常认为，人做规划的技能是理所当然就有的，但无论哪个年龄段的孩子都认为，做规划很难。让你的孩子为实际生活中的事件做流程规划，如生日宴会或度假。以这种有意义的方式来进行这个活动，会让你的孩子认识到做流程图这一技巧的价值，而且它还有个优点，就是不太像是学校的课程表。

报纸问题

　　这个活动在罗格·范·奥驰的书《醍醐灌顶》（1998）一书中出现过，而且只能玩一次，但却能让孩子认识到解决问题的一些重要规则。取一张纸，将它平铺在地板上，然后给孩子布置这样的任务：他们能不能找到一种方法，让两个人面对面站在纸上，但却不能触碰彼此？

　　跟大一点儿的孩子一起玩时，我发现，他们真的很喜欢去思考各种解决方案。这个活动的秘诀就在于，要给他们指出 3 件事：

　　◆ 打破规则的重要性。如果你的孩子问"我可以撕开纸吗 / 可以换一张大一点儿的纸吗 / 可以攀住一根绳子站着往后倒吗 / 可以脚只踩到纸的一部分吗"，就告诉他们，他们的想法很棒，并为他们打破规则而赞扬他们。告诉他们，在很多情况下，我们的问题是都只接受事物本来的样子——而他们没有犯这个错误你真的很欣慰。然后告诉他们，在这个游戏中，他们不能按上述所说的去做。按我的经历来看，这样说总会让他们大笑起来，并增加这个活动的挑战性。

◆灵活思考的重要性。鼓励你的孩子去尝试——任何想法的出现都有其理由。绝大部分的想法都是垃圾，这也没关系——因为这里面可能藏着"珍宝"。

◆保持理性的重要性。做这个活动时，鼓励你的孩子进行合理的思考：他们目前的状况有什么问题？让他们停下脚步，考虑一下应该怎么做才能避免问题。他们可能会想绑住自己的手（当然他们也能触碰到身体的其他部分），然后他们最终才认识到，他们之中需要有什么东西隔开。我见过很多大一点儿的学员在这一阶段尝试多种可行的办法（木板、衣服、椅子），结果非常滑稽，但突然灵光一现：可以用房门！问题得到解决时，孩子能感受到强烈的满足感，在这个过程中能有所收获，真是很值得。

可以飞的机器

这里介绍的是上述活动的另一个版本，这一次我们设置的挑战是做一个纸质的物品能飞过整个房间。孩子们花了好几个小时制作出最复杂的飞行器，最终得出要飞过整个房间，只能是飞机。这多么有趣啊。

最后，让孩子们将制作好的飞机相互比较，看看谁做得最好。跟上一个活动一样，为他们展现出来的解决问题的技能而赞扬他们，就是愿意"打破规则"（比如将纸裁剪成两段以减重）；灵活思考（统计"失败"次数，并为孩子不断想主意而赞扬他们）；保持理性（在孩子规划有条理、有度量等时做出评论）。

184

如果没有哪个孩子像你一样做，你就让他们看看，你制作的器具（揉成一团的纸团）能飞多远。问问他们，他们为什么没有想到这样做，用这个活动跟他们强调发散思维的重要性。

实际生活中的发散思考

许多书中都介绍过创意思考，最畅销的是《醍醐灌顶》，里面介绍了各种以上述诸多办法来解决实际生活中的问题（不只有本书中介绍的这些方法，还有更多其他的办法）。还有《心理机制》（德·波诺，1969），也介绍了一些创意思维的案例。以下就举两个案例，你可以让你的孩子也来思考：

◆等电梯（德·波诺）。芝加哥一栋新建的建筑出现了等电梯难的问题，因为有越来越多的公司来租用房间，早晨和傍晚是人流高峰期，所以等电梯很难，这就让很多人都开始抱怨等电梯的时间太久了。想象一下，如果让你来解决这个问题，你会怎么办？

◆垃圾问题（范·奥驰）。以前，荷兰某个城市出现了严重的垃圾问题，有个地方到处都是烟头、瓶瓶罐罐、废旧报纸和其他垃圾，一团糟。如果你要向该城的市长提意见解决这一问题，你能想到多少种解决办法？

每一次活动时，都要鼓励孩子想出尽可能多的解决办法，然后再挑选出他们最终认为最佳的一个。最后，你再告诉孩子，这些问题当时究竟是如何解决的。

当我跟孩子们讨论第一个问题时，他们提的建议有的很奇怪（用喷气背包和消防栓），有的很实用（人流多的楼层用高速电梯，同在那栋建筑的公司错开电梯的启动和停止时间），以及非常发散式思维的方式（完全摒弃使用电梯，向人们推荐健身课程和项目来促使人们爬楼梯）。而实际上，一位女性经理换了一个问题——"我怎么能让等电梯的时间不那么无聊呢"，而不是问"我怎么能让人们出入楼层的速度更快呢"，她给出的最终解决方案就是在大厅里安落地镜。

在垃圾案例中，这个城市曾试图通过加倍处罚乱扔垃圾的行为，后来还增加了清理垃圾的服务人员，来处理这个问题——但收效不大。有人还运用发散式思维，开发垃圾箱，提议在垃圾箱上安装支付程序，有人向垃圾箱中投放垃圾，就给他们付款奖励。从奖励的角度而言，这个办法是可行的，于是引发了一场关于如何奖励投放垃圾的人的讨论。这个问题最终怎样解决的？如果有人往垃圾箱里投放垃圾，那垃圾箱就会播放出一段录好的笑话（每两周更新一次）！

你可能会想要回顾一下第 7 章的活动"改善状况"，你会发现教孩子从小就自己去寻找现实生活中的问题，等着像他们这样有创意的思想家来解决，是多么有用处。

解决实际的问题

如果你某一天实在想不出要做什么打发时间，为什么不给孩子设置实际生活中的问题呢？例如：

◆ 制作一种装置保护生鸡蛋，以免它从二楼窗口掉下摔碎。

◆ 用报纸和塑料杯子堆砌一座最高的塔。

◆ 创造一种能把网球从一楼窗口准确投到户外某一指定地点的装置。

◆ 设计一种奇妙的装置，让石头能漂浮在浴缸里。

◆ 完全用面条（保持干燥的口感！）和棉花糖在花园的过道上堆砌一座桥，想一种方法测验其坚固性。

这个活动的好处在于，孩子们会乐于真正进行错综复杂的思考，而不会将它视为"任务"。要记住，游戏之后要跟孩子们聊一聊，这种活动的意义所在。你的孩子会怎样完成这项活动？他们用过多少种可行的办法？这个活动过程中什么是最难以完成的？他们又是怎样克服这个问题的？如果他们未能克服这个问题，那他们有没有办法可以再次尝试一下？

用灵感解决问题

将这个游戏教给孩子是值得的。如果你的头脑一片空白，你什么也想不出来，那么，可以使用随机投入的办法，可能会产生非常有意思的结果。随意打开一本杂志或一份报纸，指向打开的页面中的某个词，重复看两三次，这样可以多选几个词。然后再想想，这些词会不会给你带来什么灵感，让你想到解决问题的办法。

有时候，我们的头脑只是需要一个诱因，来重新启动工作。随机挑选的词可以让你想到很多有创意的办法，而没有读到这些词的时候，你可能根本不会去这样考虑。

电脑游戏

这世上有许多很棒的、有助于培养创意思维和解决问题的技能的游戏（当然也有培养坚持精神、专注力和应对挫折的能力的游戏，我之前也提到过了）。作为多姿多彩的生活的一部分，这些游戏不应被排除在外。

避免有暴力倾向内容的游戏——你还有很多有趣的游戏可以选择，根本不需要去玩这种游戏。

花时间去学着玩这些游戏——你们会对彼此有更多的了解，也会有更多的机会去巩固良好的解决问题的习惯和态度。

第15章

怎样掌握社交技巧

没有人是孤军奋战的——无论是摇滚歌星、职业运动员、软件行业的亿万富翁,甚至天才,都不是。

——作家、文化评论家　马尔科姆·格拉德威尔
（1963—）

在马尔科姆·格拉德威尔的书《特立独行：成功之道》中，他引用了自己与安妮特·拉劳的调研数据指出：某些孩子的教养方式不只是对他们的成长有利，而且在他们长大成人之后仍然会对他们产生有益的作用。

　　这种秘诀是什么？就是社交才能。如果我们想要培养能够充分利用自己的才干，充分发挥自己潜能的孩子，这是一种必备的养料。

　　这很重要，无论在哪一领域，最成功的人往往就是极具社交才能的人，这并不意味着他们自高自大，或者不谦卑。那么，社交才能究竟意味着什么？

　　要确定这种难以捉摸的特性有点儿困难，它包括了在不同的情境下平静地与他人沟通的能力，认识到什么言行举止才适合当前情境的能力，以及积极镇定地应对不同境遇的能力。内心的自信以及相信自己在世间的重要性，是这种特性的关键所在。

　　格拉德威尔将这一点与罗伯特·斯特恩博格关于实践智能的作品联系在一起，这种智能有时也被称作"街头智慧"，也包括了"知道你需要从特定境遇中得到什么，以及得到需要的东西的最佳途径"。

　　另外，这不只是对成功的领袖人物才最重要，如果人们都养成了这些技能，那生活会变得更舒畅顺心。尤其在如今这个复杂的世界中，我们没有人能够独立获得成功。我们需要彼此。正如多元智能理论的提出者霍华德·加德纳（2006）所说的那样，"（现在）许多人在处理跨学科的问题……他们聚集在一起，组成团队，根据彼此的知识，进行团队合作，然后分开，可能会用数字通讯方式联络，但可能再也没有一起合作的机会了"。学着用这种方式跟他人合作，我们就开启了一种比我们独自努力更有效，更能产生创意性解决方式的可能。

这就引出了我们社交能力的最重要的一种特性，就是加德纳所说的"人际交往智能"，他将此定义为对他人的情绪、感受和脾气敏感，能够在团队之内跟他人合作，知道怎样发掘出我们的合作伙伴的最好的一面来。

在小学的时候，孩子们会得到一些在团队之内跟人合作的体验，不过很少有人会明确地告诉他们，他们在团队中能发挥什么样的作用。随着他们逐渐长大，团队合作通常会被逐渐淘汰，考试几乎都是测试的个人能力。这种情况下，学校的经历完全不能体现出现实生活的真正面貌，而且通常孩子们在受教育的过程中，学不到这种极其重要的技能。

能够学会怎样发挥出自己的独有潜能，怎样促进团队合作的孩子才会是走得最远的孩子。

毫无疑问，父母有在这方面发挥重要作用的潜能。格拉德威尔称，社交才能"是有来处的，这样的才能和态度来自我们的家庭"。

在这方面，要考虑的事情还有很多！我们还是先来学习一些实用的技巧吧。

小提示

1. 寻找机会去鼓励孩子思考"最明智的"前行之途。现在应该坚定信念还是妥协放弃？是应该努力超越还是退缩不前？是应该从众还是脱颖而出？是应该按规则行事还是制定自己的规划？

2. 让你的孩子知道，没有谁是什么都会的。相反地，真正聪明有智慧的体现就是认识到并重视自己的能力，知道去哪里能"弥补短板"。要经常性地、明确地告诉孩子，你喜欢他们什么，钦佩他们哪些方面，指出他们身上的优秀特质和具备的超凡才能。出现问题时，要鼓励他们自信，让他们友好而主动地向他人提出请求，咨询解决问题的建议和办法。（详情见第14章）。

3. 当然要和你的孩子谈一谈，鼓励他们说出自己的想法和感受，向你们提问，与你们商量——用合理的方式和道理——找到同时适合你和他们自己的办法。

4. 为你的孩子提供机会，让他们与除你之外的其他成人沟通交流。例如，教他们去开门迎客，让他们知道如何以恰当且尊重的态度迎接上门的客人。去看医生时，鼓励他们自己向医生说明问题。你的朋友来家里时，让你的孩子花一点儿时间跟你们闲聊。要记住：你的目标是让你的孩子无论跟谁相处都不怯场、自信，待人友善。

5. 教你的孩子闲聊。不是所有人都自然会闲聊的，所以，你们有必要一起去找适合跟不太熟悉的人聊的话题。

6. 我们都知道，第一印象是相当重要的。教大一点儿的孩子，当认识来自不同国家的成人时，怎样做才合适，例如用眼神交流、微笑、握手或鞠躬，也可以试着跟对方握握手！

7. 如果孩子们不能发挥天生的领导才能，他们有时可能会不太自信，因为领导者是学校团队活动中的灵魂人物。然而，我们很少有人需要通过成为领袖人物来过上成功而幸福的生活。更重要的是，我们应该找到自己的方式，去成为团队中的重要角色。找一些方式去设置成员们可扮演不同的团队角色的活动游戏规则，跟兄弟姐妹和朋友们一起玩（示例见本章"合作"活动）。为了增加游戏乐趣，你们甚至可以在游戏时更换各自的角色。有必要告诉孩子，无论他们在团队中扮演什么角色，无论是有深谋远虑、能够发现各种可能问题的人，还是能想出各种有创意的理念想法的人，或是行事有条不紊、有规则讲秩序的人，都是同样重要的。

8. 主动为孩子寻找机会，让他们参加能在一个团队中工作（或玩耍）的活动，可能是跟一个团队一起参加运动会，或是加入剧社等。如果可能的话，请随意跟他们聊一聊他们在团队活动中遇到的挑战和问题，看看你们能否一起找到解决这些问题的办法。

9. 当你的孩子参与创意性活动时，尤其是需要一定程度合作的创意性活动时，要经常提醒他们，优秀的创意者会将彼此的理念当作自己攀登的基石。对很多孩子来说，这代表着一种巨大的进步，不过按我的经验来看，很快孩子们就会习惯性地依赖他人的意见和看法。孩子们若用本书介绍的思维方式，那么他们做出的最有益的改变之一就是会将他人的理念和想法当作自己的基石。孩子学着为自己和他人的观念想法融合，而合作产生有益的成果感到骄傲时，就不会因彼此的观念不同而争吵了。我们学校里最年幼的孩子会这样描述这种感受："我的头脑是有韧性的！"

活动和游戏

名人名言

以下这些名言你可以教给你的孩子:

这世间所有人都是非同寻常的。

——作家　C.S. 刘易斯

就像球的每一块组成部分都是紧紧贴合在一起的一样，团队的力量由其成员凝合而成，而成员的力量也来自团队。

——作家、诗人　路德亚得·吉普林

雪花是这世上最脆弱的事物之一，但如果凝聚在一起就能成坚硬的冰块。

——作家　维斯塔·M. 凯莉

我是哪种动物?

在西方作家菲利普·普尔曼的经典儿童小说《北极光》中，人都有自己的"守护兽"——就是一种有魔力的动物陪伴者，总是跟在人身边，从某种意义上而言也代表着每个人的内在个性。

要鼓励你的孩子思考他们自己的个性，并想一想他人会怎么看他们，一种有创意的方式就是问他们："如果你有一个'守护兽'，那它会是什么？"问一问他们选择该动物的理由，以及其他人（朋友、老师、兄弟姐妹和各种孩子间的小组织里的伙伴）会不会已经知道了。他们还会提议让别的动物成为守护者吗？如果会，那他们为什么会选择那种动物？这能让孩子们知道，在面对不同的状况和问题时，我们做出的行为也是不同的——我们不总是会显露出同样的个性特征。这种自我意识是有用的：如果我们能学着谨慎小心地在合适的场合下表露出合适的性格特质，那么，我们就学会了一项重要的社交技能。

池塘里的石子

告诉你的孩子，我们的所有行为都是会产生反响的，就像往池塘里扔石子一样——即便是一颗小小的石子也能溅出比你想象的大得多的波纹。某些积极的行为——如对他人保持微笑，感谢他人，对他们心中所想的事情表现出兴趣，让他人觉得自己在某种程度上是特别的——能够完全改变人的感受和行为。对他人有这种积极影响的人可能会发现，他们的生活更加顺心。

家庭会议

通常，在接受完教育离开学校之后，年轻人才会发现，他们要参与各种各样的会议，所以如果我们先让他们为此做好准备，这对他们来说多么有利啊！一种办法就是，让这种会议成为你们的家庭习惯，只要有做决策或是要商议解决问题的时候，你们就召开"家庭会议"，让你们的孩子也参与商讨。

以下是一些可能对你们有帮助的建议：

找一个家庭成员都空闲的时间。

请让会议简短，内容积极乐观。

以一些有意思的话题开始，可以轮流分享那一周发生的最有趣的事情，或者就你们发现的各自身上的优点而称赞彼此。

确定清晰的目标（当他们列举出各种想做的事情时，你们可以问问孩子，他们是否愿意将这件事列入他们的日程表中，告诉所有人，如果他们还想加入其他事项，需要提前一两天告诉你）。

让大家轮流提出他们想到的解决方案（你可以用一件有意思的物品作为麦克风，如一片水果或一种软玩具，由说话人持有）。要让大家明白，无论说什么办法都可以，没有人会因为自己所说的话而遭到批评。

然后主持人开始组织讨论，邀请不同的成员提出建议，找出可能得到大多数人同意的方案，并找到最佳的决策方案，决定下一步该怎么做。主持人还需要在最后做出总结，即便是并没有商讨出什么结果，只提出了一系列可能有用的想法观念，也没有关系。一旦你们都习惯了这样做，那么你们的孩子就会试着自己来做主持人了。

不要认为一切都会很顺利！你们这样是在培养训练复杂的技

巧，而这需要时间才能完成。即便关于倾听、妥协、有同理心或是接受他人的建议这些特质，你的孩子每次都只学到了一点点，那也是可喜的进步。

演讲

这个应该是你的孩子在学校里会习得的，然而，在家里进行这种活动也很不错！让你的孩子按如下基本步骤去做：

1. 了解演讲的主题。开始演讲之前仔细钻研演讲的主题。

2. 认识听众。想一想，要对什么人进行演讲，他们感兴趣的会是什么话题。

3. 做准备。制作一些写着关键词和短语的提示卡片（用闪存卡最好），引导自己进行演讲。

4. 练习。多排练几次演讲，就好像将要正式演讲一样。例如，如果是一次学校的演讲，那么鼓励你的孩子在将要演讲的时候站起来，先闭上眼睛，想象自己真正在学校演讲的样子。

5. 享乐。放轻松，露出微笑，保持呼吸正常，与观众有眼神交流，试着去享受这种体验。

任何需要谈判、讨论或争辩的时候，都可以按上述步骤行事。如果你的孩子早早就掌握了这些技能，那以后会受益颇多。

合作

跟你的孩子一起，创建一份"团队角色"清单，例如：

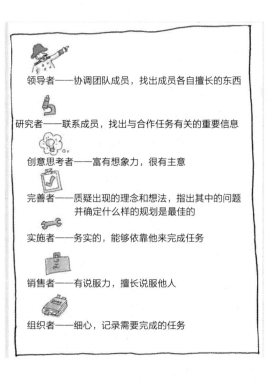

领导者——协调团队成员，找出成员各自擅长的东西

研究者——联系成员，找出与合作任务有关的重要信息

创意思考者——富有想象力，很有主意

完善者——质疑出现的理念和想法，指出其中的问题
　　　　　并确定什么样的规划是最佳的

实施者——务实的，能够依靠他来完成任务

销售者——有说服力，擅长说服他人

组织者——细心，记录需要完成的任务

你当然也可以给上述这些角色另外定名。

鼓励你的孩子参与集体活动，如给邻居们演一场戏，组织一次慈善活动，等孩子们稍大一些了，可以在假期里让他们用一周时间做一件小事——如遛狗或洗车，或者根据他们的才能想出更有创意的活动来。

告诉你的孩子，上述清单中的角色（和任何你能想到的其他角色）都是同样重要的。鼓励他们每一次都尝试扮演不同的角色。

类比运动

如果你的孩子进行体育活动，那他们就有很多机会去认识团队的重要性。你要负责让他们认识到体育运动与现实生活的相似性，你可以引述相关的体育名言来说明，例如：

> 有最佳运动员的团队不一定总会赢，只有合作发挥出最佳水平的运动员组合成的团队才会一直赢。
>
> ——美国垒球传奇运动员丽莎·费尔南德斯

> 团队合作的方式决定了它能否成功，你可以聚集这世上最顶尖的人才，但如果他们不合作，那这个团队就没有价值。
>
> ——美国棒球运动员巴比·鲁斯

第 16 章

怎样培养主动思维和前瞻思维

即便你选对了路，但如果一直坐着不动也会被超越。

——喜剧演员、社会评论家　威尔·罗杰斯
（1879—1935）

理查·圣约翰用十多年时间访问了生活中各行业的五百位非常成功的人士，以便了解成功的人与寻常人有什么差别。结果呢？有8种重要的品质（《成功的八大要素》，2007）。

上述8大品质，大部分都在前面的章节里介绍过了：找到对你所做的事的热忱和爱（见第5章），想出对他人有用的好办法（见第6和第7章），即便会有自我怀疑的时候，即便可能会失败，竭尽所能，始终坚持（见第8和第10章）。

事实上，再三考虑之下，这听上去是很有道理的！然而，当我们的孩子在考试的大潮中随波逐流，在学业上表现良好时，这些不可思议的品质却很容易被忽视。

不过，我们还是要重视理查·圣约翰的清单上的另外两种特质：专注和鞭策自己。如果我们的孩子真正发挥出自己的潜能，那就需要我们教他们该如何鞭策自己。

这可能是父母最艰巨的任务之一！通常，只有知道了为何要表现优秀，我们才会去努力做出超凡的表现来，虽然我们可能因受到本能的诱导而关注短期的目标，但表现优秀可能导出的良好的长远结果足以让我们继续朝这个方向坚持下去。然而，即便有这样的理性思维，也本能地明白为什么这样做值得，我们也都明白鞭策自己有多难，积极主动真的很难！

现在想一想，这对我们的孩子来说更是难上加难。神经科学研究显示，大脑中掌管前瞻思维及规划的前额皮质直到人成年期才会完全发挥功能。简言之，远期的目标，无论多么合乎情理，甚至无论多么令人兴奋，都不太可能让我们积极主动，鞭策自己去达成。

幸运的是，与"鞭策力"这个相当棘手的特性相关的另一种更容易理解的属性是，主动性。这不仅需要有自信去找出解决问题的办法（见第14章），而且意味着我们要养成积极主动的习惯，我们要主动问问自己，无论发生了什么，我能不能做些什么以帮忙或改善？

成功人士认为，他们可以让想要的事情发生——他们"按自己的要求创造"自己的生活。而我们要让孩子认识到，他们的未来在他们自己的手中。

那……我们应该从哪里开始？以下小提示应该能帮到你们。

 小提示

　　1. 让你的孩子认识学校之外各种可选的职业。我们倾向于认为，我们知道对孩子什么是最好的，不过，如果他们自己本能地认为自己应该在学业和职业上取得进步，那他们的长期表现会更好。如果他们学习某课程只是为了取悦他人，那么，他们找到鞭策自己的"驱动力"的可能就会大大减少。

　　当今这个世界，机会无处不在，不过年轻人的视野却非常狭隘，这一点令人惊讶。高等院校中较少有真正的职业教育和培养课程，所以在让孩子认识各种可能的职业选择方面，家长们能够发挥至关重要的作用。

2. 鼓励孩子了解自己。这可能听起来不会有什么作用，不过我们很少花时间停下脚步，去真正思考自己是什么样的人，去想一想我们究竟想要从生活中获得什么。我们的孩子也是如此。然而，要得到最佳的机会选择让他们感到快乐、充实和成功的目标，他们就需要了解自己。试着找时间问你的孩子一些"大"问题，听听他们的回答，只在必要的时候给予提示。他们认为自己有什么优势？他们在生活中最喜欢什么？什么会让他们开心？他们想要通过职业获得什么？他们愿意为此付出多大的努力？

3. 尽可能给你的孩子创造机会，让他们承担责任，让他们发挥主动性。20 世纪一位著名的问答专栏作家曾经这样写过："让孩子们收获成功的，不是你为你的孩子所做的事情，而是你教他们为他们自己做的事情。"（艾思特·莱德勒，以"安·兰德斯"这个名称著称）

在如今的社会中，我们更倾向于为孩子们做决定——决定他们这一天的日程安排，替他们做选择，替他们决定目标。这样做当然是为了确保对他们最有利的结果，但我们应该认识到这样做的风险：通过这种方式替他们做决定，我们可能会阻止孩子变成我们希望他们成为的自信、明智且有思想的人。

极少有机会是从天而降的——所以通常我们都需要自己创造机会。即便有意料之外的事情发生，有魄力的人也会辨明当前的状况，并及时应对。如果成长的过程中有很多自己做主的机会，那他们就更可能掌控自己的人生。

从孩子小时候起，就要为孩子创造各种机会为不同的事情承担责任，无论是让他们自己整理书包，还是为一次特别的宴会而摆碗筷，无论是照顾宠物，还是组织家庭活动，都可以。

4. 教他们设定明确的目标。似乎设定目标会助人真正获得成功。在畅销作品《哈佛商学院不会教你的课程》中，马克·麦科马克（1984）介绍了一项调查，调查人员询问一群 MBA 学生，他们是否为未来设立了目标。只有 3% 的受访者真正写下了自己设定的明确目标，以及实现目标的规划；13% 的人心中有目标，但却没有写下来；剩下的 84% 根本没有想过设定目标。10 年后，调查人员再次去访问那些学生，得出了惊人的结论：

那些有目标但未写下来的人，平均收入是那 84% 根本没有目标的人的 2 倍。

那些有明确的目标且写下来了的人，平均收入是其余 97% 的人的 10 倍。

现在，对上述研究结果有疑虑的人可能会辩称，真正起作用的可能并不是那些目标本身。如果你是那种有目标、有期待、有决心，很专注地努力追求你想要的目标的人，那你就更可能收获自己的目标。不过，这正是本书的核心内容——帮助你的孩子成为那样的人。似乎，教他们往前看，设定切实可行的目标是可以从小就培养的一种有益的习惯。记得玫琳凯创始人，1999 年当选"20 世纪最杰出的女商人"的玫琳凯说过："一个才赋平庸，没有野心，只接受过一般教育的人，只要有明确的目标并专注追求，就胜过了我们社会上最优秀的天才。"

5. 告诉孩子们，你全心地相信他们。重复不断地告诉孩子，不只是在他们童年时这样说，在成年时也要一样地经常告诉他们，你相信，只要他们想要去做什么，并专心致志去做，他们就一定能成就非凡。特别要指出他们的才能。不要期待他们任何时候都能做好任何事情（这只有他们学会了勇敢面对，而不只是待在自己的"舒适区"之内时才能做到），而是要提醒他们，他们什么时候因勇敢克服艰难或自己的弱点而打动了你（希

望也能打动他们自己）。期待是有力量的，我们要么是不负期
待，要么是辜负了期待。如果你的孩子认为你是真的相信他们，
那他们就会更自信，而这种积极的态度能让他们走得更远。

再次引用玫琳凯的话："不要局限了自己，大部分人都认为，
他们只能做到他们自己认为能做到的样子。不过，你的心能飞
多远，你就能走多远。你相信什么，就会收获什么。"

活动和游戏

跟我学

要做有效的规划，就意味着要有前瞻的能力，要明白接下来要采取的步骤，要以清晰、合理的逻辑表达出来（只是自己告诉自己也是好的）。要训练孩子的这些技能，从熟悉的事情上开始就好。

孩子们通常喜欢制作东西——从简单的卡片、面具和模型到蛋糕、糖果和饼干等。下一次孩子学着制作什么东西时，为什么不给他们设置挑战呢——比如，他们认为自己可以将这种制作技巧教给其他的家庭成员吗？

如果可以，鼓励他们准备一份清楚的制作步骤清单——根据孩子的年龄和爱好，可以用录音或笔记等方法。如果他们自信已经列出了对方所需要遵从的所有步骤，那么就是时候去实际操作了。你的孩子可以读出或播放出这些步骤内容，必要的时候停顿一下，给他们的"学生"时间来照做。

几乎可以肯定，你们的孩子会发现，他们遗漏了关于成长的所有重要的信息。这是一次很棒的，让你们都轻松参与这个活动，一起开怀的机会。那么，最初的那份清单还能怎么改善？这是一种有用的训练，有助于说明在制订一个真正无懈可击的行动计划时需要多少思考和想象。经过训练，你的孩子将会学着给出更明确、更详细的说明——这对他们养成语言和规划技能很有用。他们也能享受到进步的乐趣，尤其是如果你提出来，并在过程中不断表扬他们的话，他们会更乐在其中。

◆ **给深入思考者的话**

　　如果你的孩子擅长这个，你可以给他们设置挑战，让他们在不见到"学生"的情况下给出指令。这个活动也适合用电话或对讲机来进行，当他们看到"学生"做出的最终产品时，他们会很开心的。

独角戏

　　让你的孩子从小就习惯独处，不要担心这是在抛弃你的孩子！鼓励他们独处，你就是在让他们独立自主、更有创意（想办法自娱自乐），也能有能力去面对独自一人的生活。

　　显然玩这个游戏需要有一定的理性，不过随着你的孩子渐渐长大，你应该会发现他越来越能够让自己开心了。要注意，给朋友打电话或是进行网络聊天往往是对独处的误解。

掌控局面

　　寻找机会让你的孩子主管一项特定的事务，如，你可以用以下事情来进行尝试：

◆ 给你的孩子在花园里留一块空地，他们可以在这地里种任何想种的作物。

◆ 让你的孩子养宠物，条件是他们要为这个宠物承担一定的责任。

◆ 做家务安排，让你的孩子布置自己的房间。

◆ 让你的孩子邀请朋友来吃饭，让他们去确定菜单、买菜、烹饪食物等。

◆ 如果你的孩子可以根据自己的财务状况选择最优惠的价格，并跟你说明其理由，那就给他买一部手机。

散步

教你的孩子使用真正的地图和网络地图，认识代表道路、河流、车站和特别的地标等的不同符号。即便只是去逛当地的公园，下一次想着跟家人一起出门散心时，为何不让你的孩子规划路线呢？不要走熟悉的路线，在临行前，跟你的孩子一起，在地图上画出新的路线图，这会很有趣的。

要让他们真正体验冒险的感觉，就鼓励他们准备一个"探险者背包"，带上他们认为途中必要的东西。例如，他们可能认为需要食物和饮料、指南针、笔记本或速写本、铅笔、用来收集标本的塑料袋（环保的！）等。

现在你要去打印地图，让所有人都备一份，然后让你的孩子熟悉地图。孩子们有时候可能并不太确定要走哪个方向去目的地，不过这是你们合作思考的好机会，你们可以一起看看你们周围有什么事物能给你们提供线索。你要假装你也很困惑，这样他们就会真的有引路人的感觉——你很容易就能假装出来，但在必要的时候也要留下一点儿线索，这样你们就不会迷路。

你的孩子逐渐熟练了，你们就可以晚上一起散步去听外界的不同声音，或者起个大早去看日出。

目标日快乐

让你的孩子习惯明确自己的目标，从小事情开始。对小一点的孩子来说，这可以是很轻松的事情，例如，开车送他们上学途中，你可以问问他们，他们希望那天会发生什么事，他们会怎样促成这件事发生。看看他们是否能想到一些简单的实施步骤。

你的孩子在家过周末或假期时，你可以将这一活动提高一个档次。将某一天定为"目标日"，在这个特别的日子里，家里的每一个人都选择一件当天想要完成的目标，让这成为家庭的固定安排。第一次向孩子们介绍这个活动时，你们可以一起思考各种可选的目标——从非常愚蠢或可笑的，到更有实际意义的，都可以！这一天到来时，你们可以在早餐时聊一聊各自选择要达成的目标。

接下来，每个人都要花一点儿时间（理想的状况下应该仍然是一起）制定非常简单的达成各自目标的计划——要采取什么样的步骤，每一步骤需要花费多少时间。每个人都告诉大家自己的计划，其他人则轮流思考，看是否有什么能帮得上忙的。

用这样的方式分享计划让这个活动有意义。我们不只是在告诉孩子要努力去争取什么，我们，孩子们的父母，是在花时间给他们做榜样，让他们学习这种有用的行为习惯。这样，我们的孩子就会认识到，我们的梦想和期待不是碰巧就能实现的，我们需要采取行动让梦想和期待成真！

　　当然，这一天结束的时候，大家可以一起喝茶，回顾一下努力的过程。大家的目标都完成了吗？有哪里出现了问题？哪些地方做得还不错？即便事情并没有按计划的那样发展（因为的确有这种可能），也为大家的努力而庆祝。

优先目标

　　对大一点的孩子，你可以延长时间，例如，周末时，你可以跟孩子们谈一谈，接下来的一周他们想要完成的 4 件事，你甚至可以鼓励他们将这些事都写下来，可以分别写在便利贴上，或是用如下这种简单的钻石图标注优先级。

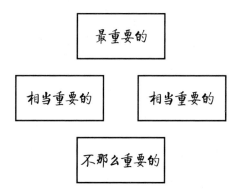

你的孩子十几岁时，他们甚至可能会想为自己制订年度计划，也许就像如下所示的这些问题：

◆ 来年我想要完成哪 4 件事？
◆ 来年我想要为家人做哪 4 件事？
◆ 来年我想要为这世界做哪 4 件事？
◆ 在上述后两个问题中，鼓励你的孩子，让他们认识到自己非凡的能力，他们能做什么小事情来帮助达成这些目标？

通常，如果所有的家人一起参与到这个活动中来会更有效果——所以，你可以理解为"我们一家能做的简单的事情是什么"。

远期的大目标
这一部分的主题仍然是培养孩子设定目标的技能，当他们在为很大或很远的目标而努力时（我们知道，仅仅从人性的角度而言，可能会更困难），像如下所示的这样做会更好：

◆ 明确——弄清楚他们真正想要达成的目标究竟是什么。
　我一生都想要成为重要的、有影响力的人，不过现在我发现，
　我本应该有更明确的目标的。

　　　　　　　　　　　　　　　　　　——作家、导演瓦格纳

◆ 可掌控——分散成小的、可以完成的步骤。

确定你本人的局限性，并努力突破局限，然后设置新的挑战，

不断重复突破。

——奥运会金牌得主妮可·海斯莱特

◆ 将目标写下来——这让它们看起来更切实可行。

没有写下来的目标就只是愿望而已。

——不知名作家

◆ 灵活——有时候，我们设定的目标要与我们的体验经历相符。

勾勒出你的未来，不过要用笔。

——歌手乔恩·邦·乔维

◆ 设定期限——以截止时间激励自己努力去完成目标。

目标就是有期限的梦想。

——作家戴安娜·斯卡夫·亨特

◆ 设定奖励——让你和你的孩子一起为实现目标而设定奖励。

你越是庆贺你的生活，生活中就会出现越多要庆贺的事情。

——电视主播奥普拉·温弗里

◆ 养成一生都设定目标的习惯。

任何时候设定新的目标，或拥有新的梦想都不算晚。

——作家 C.S. 刘易斯

跟你的孩子一起，你们可以在特别的笔记本上记录下目标图表，或是将该图表贴在他们卧室的墙上。最底部可以画一张画，代表着孩子想要完成的目标，上面留一些空白写完成目标所需的步骤，这些步骤无须提前写下来，因为人当前做出的行为有可能会改变后续的行为。

奖励是很重要的。要记住，让孩子从期待遥远的未来中获得快乐是多么难的事情啊！短期的目标当然更能让他们开心！我们的任务就是，长年累月温柔地鼓励他们，让他们认识到自己天生对短期目标的期待，并控制好它。难以实现的目标需要加以长期的努力（例如要通过一场重要的考试，就需要长期地学习），要教育你的孩子，让他们将长期的努力过程分解成可以掌控的小步骤，并做出规划，每完成一个小步骤要给自己什么样诱人的奖励。

积极思考！

有些人说，重要的是，我们的目标要切实。不过，说实话，我们怎么能确定，什么目标对我们的孩子来说是切合实际的？我敢打赌，绝大部分成功人士在刚开始的时候并没有什么切合实际的目标——不过幸运的是，他们没有听那些跟他们抱怨这些人的话！正如米开朗琪罗所说："对我们大部分人来说，最大的危险不是我们设定了过高的目标达不到，而是设定了太低的目标，而我们达到了。"

让孩子们知道自己的目标，有规划地尝试去实现它，并且认识到其他人都相信他们，你这样并不是在让他们盲目乐观，而是在让他们真正相信自己。

这种品质与之前介绍的很多品质相关，如坚持不懈、有冒险精神和韧性——就是在失落的时候重新振作，笑对失落，从错误中汲取经验教训，继续前进，总是从经验中汲取其中好的东西。

父母们指引孩子反思，就是在帮助他们。例如，学校里发生了什么好事，跟他们聊一聊如下问题：

◆ 你的孩子主动做了什么导致了这件好事发生？

◆ 在促进这件好事发生的时候，其他人 / 机会起到了什么作用？

◆ 这种成功让人有什么感觉？我们可以用什么办法来庆祝？

◆ 如果事情的发展并不顺利，这种体验虽然并不那么令人愉悦，但却同样对人有益（正如第 10 章所说的那样）。

要试着在家里不要再说"我不能"这个短语。告诉你的孩子，我们每个人心中都有对自己说积极和消极内容的"内心声音"，鼓励他们辨识心中的这些声音，选择仔细听积极的、自信的内容。

内心预演

让我们克服恐惧，达成目标的有效策略之一就是内心预演，据证明，它能产生相当令人信服的效果。例如，某些运动员在练习特定的动作姿势时，也会在心里预言他们成功做好动作姿势所需的每一步骤。萨拉·J.布莱克摩尔在《不断学习的大脑》中对这些效果进行了阐述："动作的内心预演的确能够帮助提高肌肉力量和动作的速度。最近的一项研究证实，会想象自己的肱二头肌不断伸缩用力的人，几周内他们的肱二头肌力量就会增加13.5%，而且停止这种内心预演之后，这种力量仍然会维持数月之久。"

这种心理演练也能帮我们的孩子们为特定的体验做好准备，例如，你的儿子或女儿将要遇到对他们很重要的一件事——可能是要在班里发表演讲，或是想要在某次重要的聚会上给他人留下深刻的印象——那么，在事前仔细而清楚地预先演练会对他们很有帮助。

闭上眼睛，假装你现在在体验某种经历，弄明白这种经历是什么状况，会让人产生什么感觉，然后想象自己成功做好了自己希望去做的所有事情。你的头脑越来越熟悉你的行事风格了，你的感受也更强烈了一些——就好像你已经真的在体验那种经历，真的在按你想的做一样。

跟你的孩子一起，按第一种示例所述的做，让孩子闭上眼睛，想象一下当众演讲的感受如何，想象他们一早起床，特别兴奋，自己在家里收拾好所有需要的东西（详尽一点儿会帮到他们，就是这样），抵达学校，他人做演讲的时候，自己在一旁等待，控制好自己，感觉有一点儿紧张，但不要理会内心里那个"焦虑之声"，感觉非常兴奋，但还能控制得住。然后，站起来，想一想站在全班同学面前，看着所有的朋友们都坐在课桌前，老师们在等着自己开始，然后开始演讲，这是什么感觉——在心里自己演讲一次，想一想自己计划要用什么道具，再想一想演讲结束之后大家的掌声，自己觉得很放松，露出微笑的样子，多做几次这样的练习。

听声传宝

在学校里，我很喜欢跟班上的学生们一起玩这个游戏。按照传统的方式，我们用很多报纸将礼物层层包裹起来。然后孩子们围成一圈坐好，一边听音乐一边传送礼物包，音乐停止时，接到包裹的人去掉表面的一层报纸，然后继续一边播放音乐一边传送礼物包，一直到最后那位幸运的玩家得到礼物为止！

不过，我跟孩子们玩的时候，会在每层报纸中加一张卡片，在上面写下一种特别的"主动性挑战"法，任何挑战都可以，如，"你跟妈妈逛超市，但你突然找不到妈妈了，你会怎么做""你去上学，到学校时发现把作业丢在家里了，你会怎么做"，等等。孩子们打开一层报纸，就让他们看一看卡片上的问题，并说一说他们会怎么做——如果他们想，他们可以"打电话问朋友"，或是问问身边的其他玩家。

这个可以在家里玩，也可以不在家里玩，通过这个游戏，你会了解你的孩子。不过我们可以利用一下这个游戏的规则。你能找到什么有意思的方式来给孩子带来快速的"主动性挑战"？如果你提出的挑战既有真正有趣的内容，也包含一些更现实的情境，那就是最好的。

每次都提这样的问题："这种情况下，你认为你能做什么有用的、明智的或是合乎情理的事情？"

一日体验……的生活方式

很少有孩子知道，自己面临着多么丰富的选择。孩子十几岁的时候，可以让他们每隔一周（或两周）尝试一种新的职业。让这个活动轻松愉悦，不要让他们太有压力。他们可能会将自己的发现记录在剪贴簿中，或者用一种前卫的方式，制作 PPT 报表，每尝试一种新的职业，就在表格下方再加一格。

偶尔，你也可以自己做一些总结和图表来描述你希望孩子了解的职业——不过，最好是他们自己来选择。有很多各种职业招聘的相关网站可以供他们选择。如果他们选择了冷门的职业，也不要着急——只享受这个过程就好！随着时间流逝，如果你不去打扰他们，他们可能就会开始选择真正热门的职业了。

要记住，我们总会禁不住给他们提建议，做指导，不过我们的目标是让孩子采取主动。外部的驱动力要危险得多。

最后的话

　　我的经验告诉我，如果我们不关心我们自己，那我们就没有理由相信孩子们能学会本书介绍的"成功秘诀"。我们可能更愿意让孩子的个性顺其自然发展，但如果真的如此，就很可能出现这样的结果，就是，我们的孩子只巩固了他们原本就有潜力具备的那些特质——而事实上，我们当然希望他们拥有更多优秀的特质！我们难道不想给孩子机会，让他们养成各种各样对他们而言重要的技能？

　　本书中介绍的内容不一定在所有的家庭中都有效，不过我还是希望，你们能找到适合你们的策略去尝试——尤其是，如果你有耐心的话，你就会看到，孩子们正在逐渐蜕变。

　　我们，作为父母和老师，有机会来扮演这个重要的角色，以便让我们的孩子适应这个非常刺激、非常有挑战性和竞争性的世界。你所做的一切都会收到成效，所以不要对自己太过苛刻！只要去尝试，享受这个过程，看看结果究竟会如何。

图书在版编目（CIP）数据

养育积极儿童 /（英）C.J.西米斯特著；李菲译
. 一 北京：中国友谊出版公司,2021.1
书名原文: THE BRIGHT STUFF
ISBN 978-7-5057-5097-5

Ⅰ.①养… Ⅱ.① C… ②李… Ⅲ.①儿童教育－家庭
教育 ②儿童心理学 Ⅳ.① G782 ② B844.1

中国版本图书馆CIP数据核字（2020）第259641号

书名	**养育积极儿童**
作者	[英] C.J. 西米斯特
译者	李菲
出版	中国友谊出版公司
发行	中国友谊出版公司
经销	北京时代华语国际传媒股份有限公司　010-83670231
印刷	北京盛通印刷股份有限公司
规格	880×1230 毫米　32 开
	8 印张　150 千字
版次	2021 年 1 月第 1 版
印次	2021 年 1 月第 1 次印刷
书号	ISBN 978-7-5057-5097-5
定价	58.00 元
地址	北京市朝阳区西坝河南里 17 号楼
邮编	100028
电话	（010）64678009